Jean-Baptiste d

Planète eau douce

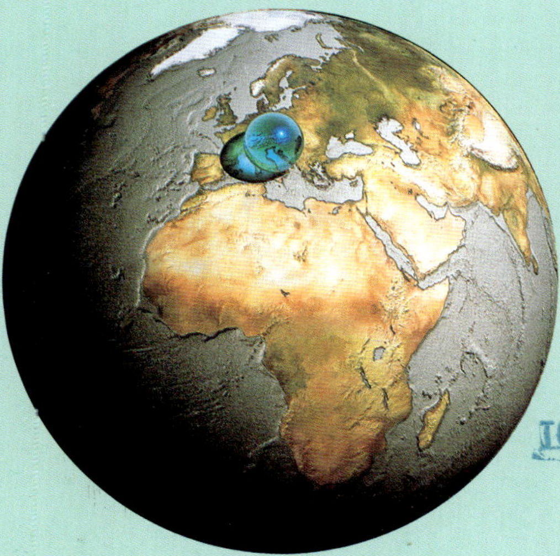

GALLIMARD JEUNESSE

Sommaire

Eaux des villes

Partager l'eau

Eaux vives

De la source à l'embouchure, les eaux courantes abritent des milliers d'espèces végétales et animales. Plantes, insectes, poissons, coquillages ou vers partagent cet environnement avec les hommes dont les activités sont liées aux rivières : transport de marchandises, évacuation d'eaux d'égouts, irrigation des cultures, production d'énergie…

À la source « Les petits ruisseaux font les grandes rivières » et les ruisseaux eux-mêmes naissent des sources. L'eau sort

Les habitants du ruisseau

Les animaux les plus visibles sont des poissons, comme les vairons ou les chabots. De petits invertébrés vivent sur le fond, plus ou moins cachés sous les pierres. Les plus nombreux sont souvent les porte-bois. Ce sont des larves d'insectes qui se construisent un fourreau avec du sable ou de minuscules fragments de plantes. Elles s'abritent dans cette cachette, le temps de devenir des phryganes adultes. Des petites crevettes d'eau douce appelées gammares peuplent aussi les ruisseaux.

1. L' eau des sources est fraîche. En montagne, elle ne dépasse pas 10 °C.

Chaîne alimentaire aquatique

Peu d'animaux se nourrissent des mousses et des fleurs aquatiques du ruisseau, mais des petits invertébrés broutent les algues microscopiques qui couvrent les cailloux. Ils s'alimentent aussi des débris végétaux en provenance des plantes qui poussent sur les rives. Ce ne sont pas vraiment des herbivores, mais plutôt des détritivores (mangeurs de débris). Ils sont à leur tour dévorés par les poissons. Dès que le ruisseau s'élargit, ses eaux abritent des prédateurs plus gros, comme les truites, qui capturent porte-bois ou vairons.

2. Le vairon se tient à contre-courant dans les eaux claires, se nourrissant de petits crustacés et de larves d'insectes.

de terre, fraîche et limpide. Elle offre un milieu de vie de grande qualité à de nombreux petits animaux faciles à observer.

3. Le porte-bois vit plusieurs mois dans l'eau puis il se métamorphose en un insecte ailé : la phrygane.

En automne, les phryganes adultes forment des essaims au bord des ruisseaux.

Un écosystème simple

L'écosystème « ruisseau » est constitué de l'ensemble des végétaux et animaux qui y vivent et des caractéristiques de ce milieu. Les animaux du ruisseau ont des exigences très précises : une eau froide et riche en oxygène. C'est un écosystème simple où le nombre d'espèces est bien moins abondant que dans un étang ou au bord de la mer. Il n'est cependant pas isolé de l'environnement terrestre qui l'entoure. Il en reçoit de la nourriture et, inversement, fournit des proies aux oiseaux comme les martins-pêcheurs.

4. La renoncule aquatique possède des feuilles flottantes arrondies et des feuilles immergées en lanière. Les fleurs s'épanouissent à la surface de l'eau.

3
4

L'usine solaire

Pour vivre, les animaux doivent consommer des plantes ou d'autres animaux. Les végétaux verts, eux, n'ont besoin que de lumière, d'eau et d'éléments minéraux. Ils disposent pour cela d'un capteur d'énergie solaire : la chlorophylle. Ce pigment vert leur permet de transformer le CO_2 de l'air en matière végétale, en utilisant l'énergie lumineuse du soleil et l'eau. Cette réaction est appelée photosynthèse. Les plantes rejettent alors de l'oxygène, un gaz indispensable pour la respiration des êtres vivants.

Observations

Soulève les pierres pour observer les animaux qui vivent cachés dessous, à l'abri des prédateurs ou du courant. Replace-les ensuite exactement comme tu les as trouvées, afin de ne pas perturber leurs conditions de vie.

Le torrent

En montagne, les torrents roulent leurs eaux limpides sur des lits de galets qui s'entrechoquent sans cesse.

Conditions extrêmes

La partie supérieure de la rivière n'est pas très riche en végétation, mais ses eaux rapides et agitées sont fraîches et bien oxygénées. Pour les salmonidés comme la truite, l'ombre et le saumon, c'est le paradis ! Lorsque le courant ralentit, le fond se recouvre de sable ou de gravier. D'autres poissons peuplent ces eaux plus calmes : des vairons, des barbeaux ou des vandoises.

Les remous créés par les cascades oxygènent une eau froide, idéale pour la vie de petits animaux.

1

Le corps fuselé de la truite fario (1) ou la vandoise (2) leur permet de lutter contre le courant.

Face au courant

La vitesse des eaux d'un torrent peut dépasser un mètre par seconde, ce qui empêche beaucoup de plantes aquatiques de se fixer. En général, seules quelques mousses parviennent à coloniser la surface des gros rochers, dans les zones les plus calmes. Quant aux animaux, il leur faut résister au courant pour ne pas être entraînés vers l'aval. Les poissons se tiennent derrière les pierres. Le courant y est moins fort et ils peuvent happer plus facilement les insectes tombés à l'eau. De petits animaux vivent sur le fond, profitant d'une mince couche d'eau où le courant est très ralenti. Des larves d'insectes ont d'ailleurs une forme aplatie qui leur permet de se tenir dans cette zone protégée.

2

Le saule blanc est abondant sur les berges.

Importations désastreuses

Les écrevisses européennes ont subi l'invasion de deux espèces importées des États-Unis. Ces cousines américaines sont entrées en compétition avec les espèces locales pour la nourriture. Elles leur ont aussi transmis une maladie mortelle, la « peste des écrevisses », qui ne les affecte pas elles-mêmes. Comme elles supportent mieux la pollution, elles ont presque partout remplacé les espèces autochtones. Il est maintenant formellement interdit de transporter ces envahisseuses d'un cours d'eau à un autre.

Comment vivre dans un milieu si agité ? Plus bas, les rivières se calment mais leurs eaux rapides sont toujours aussi claires.

Chassés par la pollution

Les saumons étaient nombreux dans les affluents de la Loire et de la Seine, ainsi que dans les rivières bretonnes. La pollution et les barrages ont beaucoup réduit leurs populations.
Ils sont revenus dans certaines régions, lorsque l'eau est redevenue plus propre, et lorsqu'ils ont pu franchir les barrages, grâce aux passes à poissons, pour aller pondre dans les parties hautes des rivières.

Le cincle plongeur nage et marche sous l'eau.

La musaraigne aquatique chasse dans l'eau et consomme ses proies sur la berge.

La bergeronnette des ruisseaux recherche les insectes tombés à la surface de l'eau.

La truite se nourrit de larves, de crustacés ou de petits poissons.

L'eau qui sculpte

En montagne, les torrents jouent un rôle important dans l'érosion. Ils roulent les cailloux tombés des sommets, les cassent et les usent. L'eau dissout la roche et creuse des canyons dans les régions calcaires. En ruisselant sur le sol, elle entraîne la terre dans les rivières. Toutes ces matières minérales sont transportées sur des centaines ou des milliers de kilomètres. Lorsque le courant n'est plus assez puissant, le sable et l'argile se déposent dans le lit des fleuves, mais parfois, ces matériaux sont entraînés jusqu'à la mer.

Peu d'espèces animales supportent de vivre dans ces eaux pures, encore épargnées par la pollution. Le sol rocheux, le courant rapide et la température fraîche des eaux ne sont pas, en effet, des conditions propices au peuplement.

La rivière Dans la plaine, la rivière, plus large et plus profonde, prend son rythme de croisière. Elle offre des milieux

Les racines des arbres de la berge procurent aux poissons de multiples refuges.

Flores aquatiques

Le courant devenant plus faible, les petites particules d'argile et les débris organiques qui étaient en suspension dans l'eau tombent au fond et forment une couche de vase. Dans ces eaux calmes, les plantes parviennent à s'enraciner. Des algues microscopiques se multiplient, donnant une couleur verdâtre à l'eau.

Brèmes et barbeaux

Les rivières lentes sont le domaine des cyprinidés (famille des barbeaux et des carpes) et des carnassiers (brochets et perches). Ces poissons occupent les différents milieux de la rivière en fonction de leurs besoins vitaux. Barbeaux, perches et brochets peuplent les eaux en amont, là où le courant est encore sensible, tandis que les brèmes, les carpes et les gardons préfèrent les eaux de l'aval où la végétation, plus riche, abrite quantité d'invertébrés aquatiques comme les larves de libellules, les punaises d'eau ou les escargots.

Réseau hydrographique

C'est l'ensemble des cours d'eau d'un pays : ruisseaux, fleuves et canaux artificiels. En France, les cours d'eau de largeur supérieure à un mètre forment un réseau atteignant 550 000 kilomètres.

variés aux plantes et aux animaux. L'eau devient souvent plus trouble, ce qui est signe de richesse !

Échanges gazeux

Comme les plantes pratiquent la photosynthèse à la lumière, elles produisent de l'oxygène pendant la journée. L'eau est alors saturée en oxygène, ce qui favorise leur respiration et celle des animaux. La nuit, la photosynthèse s'arrête, mais les plantes continuent de respirer, et donc, de consommer de l'oxygène. L'été, la température de l'eau peut atteindre 30 °C. Or, plus une eau est chaude, moins elle peut contenir d'oxygène. Les animaux doivent donc être capables de diminuer leur respiration lorsque les conditions deviennent mauvaises.

La perche de rivière aime les zones ombragées.

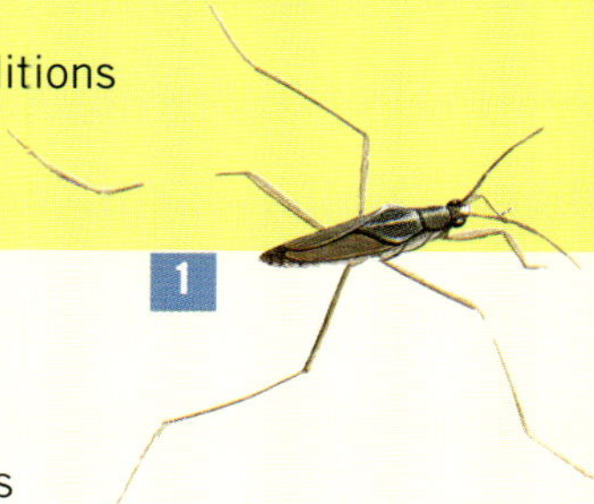

1

1. Le gerris lacustre se nourrit en aspirant le sang des insectes tombés à l'eau.

L'anguille vit en eau douce puis regagne la mer des Sargasses pour pondre.

Les filtreurs

La plupart des animaux ne consomment pas les plantes aquatiques, mais les algues microscopiques qui se fixent sur les feuilles et forment un feutrage sur leur surface. Ces algues et les minuscules débris alimentaires flottant dans l'eau nourrissent des animaux filtreurs, comme les vers et les moules d'eau douce qui vivent enfouis dans les fonds sableux ou vaseux. Ces espèces sont adaptées à un environnement riche en matières nutritives et supportent mieux la pollution organique que les espèces des torrents.

La carpe passe l'hiver dans la vase.

Le castor signale sa présence par les végétaux rongés et par les arbres ébranchés.

Il vit en colonie, édifiant des huttes et de petits barrages sur la rivière.

La loutre et le castor

Au cours du XXe siècle, ces deux mammifères, victimes de la chasse ou de la destruction de leur habitat, ont presque disparu des rivières françaises. Les castors ont été réintroduits avec succès dans la Loire, en Bretagne et en Alsace. Des colonies prospèrent également dans le Rhône. La loutre est bien plus sensible à la pollution des rivières et risque de disparaître de l'ensemble des cours d'eau.

Le fleuve **En traversant les villes, enfermé entre deux berges de pierre, le fleuve ne donne pas idée de sa véritable puissance.**

Variations de régime

Un fleuve est un cours d'eau qui aboutit à la mer. Certains petits fleuves côtiers, dont la source est proche de la mer, sont presque dépourvus d'affluents. D'autres fleuves, alimentés par les eaux de nombreuses rivières, sont énormes. Le débit du fleuve, c'est-à-dire le volume d'eau qui circule, change beaucoup au cours de l'année, en fonction des précipitations et de la température. En été la baisse des précipitations et l'évaporation plus forte se cumulent pour diminuer le débit : ce sont les basses eaux ou étiage du fleuve. Au contraire, le débit augmente et le niveau de l'eau remonte après des pluies prolongées ou la fonte de la neige. Le débit de la Loire peut ainsi être multiplié par 60 au cours de l'année.

Fleuves apprivoisés

Après de longues périodes de pluies, les fleuves peuvent sortir de leur lit et provoquer des crues parfois catastrophiques. Mais en d'autres périodes, il arrive qu'ils s'assèchent presque complètement. Depuis des siècles, les hommes cherchent à contrôler leur débit afin de se protéger des inondations et de maintenir un niveau d'eau suffisant pour la navigation et l'approvisionnement des villes en eau.

En cas de risque de crue, l'eau est retenue dans des barrages-réservoirs situés sur les affluents. Et si le niveau de l'eau devient trop bas, on ouvre les vannes du barrage. Ainsi, quatre lacs-réservoirs ont été installés sur des affluents de la Seine. Ils peuvent retenir jusqu'à 800 millions de mètres cubes d'eau, un volume équivalent à trois semaines de débit moyen de la Seine, à son embouchure.

1. La Loire, installée dans une large vallée (le val de Loire), a déposé des sables qui forment de nombreuses îles. Celles-ci sont parfois submergées à la saison des crues.

3. Le delta de l'Amazone se divise en de multiples chenaux où il est facile de se perdre.

Fleuves domestiqués

Pour améliorer la navigation sur les fleuves, il a fallu draguer leurs fonds et parfois conforter leurs berges. Les berges ont été aménagées pour le transport, l'irrigation, la production d'énergie, ou le tourisme...

Ces chantiers ont profondément modifié le milieu naturel. Les berges bétonnées et rectilignes offrent peu d'abris aux animaux. L'extraction des sables du fond a privé les poissons de lieux de ponte. Les barrages ont perturbé leurs déplacements.

Lorsqu'il coule librement dans la nature, il est parfois dangereux et capable de caprices imprévisibles !

1

Boucles et méandres

L'aspect du fleuve change selon les saisons.
Le niveau de l'eau et le courant varient, des bancs de sable apparaissent puis sont emportés lors d'une crue. Le fleuve suit un chemin sinueux, surtout dans les vallées larges et à faible pente. Ses boucles ont tendance à s'accentuer pour former des méandres. En effet, comme le courant est plus violent dans la partie extérieure des boucles, le fleuve les agrandit en creusant les berges. Au contraire, du sable se dépose à l'intérieur des boucles et les comble peu à peu.

2. Le Danube, comme la plupart des grands fleuves, désormais endigués entre des berges rectilignes, ne peut plus former de méandres et de chenaux.

2

3

Fleuves de France et du monde

	longueur (km)	débit moyen (m^3/s)
Amazone	6 500	180 000
Congo	4 700	41 000
Yangzijiang	5 800	22 000
Rhône	810	1 700
Loire	1 020	850
Seine	776	420

L'estuaire

Dans les estuaires, le fleuve rejoint la mer, mais l'eau douce et l'eau salée ne se mélangent pas si facilement !

Un mariage difficile

Les eaux du fleuve ne se mélangent pas tout de suite à celles de la mer. L'eau douce, moins dense que l'eau salée, reste au-dessus, si bien que le fleuve continue à couler, mais dans un lit d'eau salée ! À marée haute, l'eau de mer peut remonter jusqu'à plusieurs dizaines de kilomètres à l'intérieur des terres. Les plantes et les animaux se trouvent alors plongés dans deux milieux très différents.

1

1. La salicorne pousse dans les vases salées. Elle se colore en rouge à l'automne.

2

2. L'huîtrier-pie se nourrit de coquillages qu'il brise sur les rochers à l'aide de son bec puissant.

Régime avec ou sans sel ?

La plupart des plantes terrestres ne supportent pas le sel, à l'exception de quelques espèces adaptées à l'eau salée. Inversement, les algues marines ne supportent pas l'eau douce. De même la plupart des poissons mourraient s'ils changeaient de milieu.
Certaines espèces sont pourtant capables de passer de l'un à l'autre, comme les truites ou les anguilles.

3. Les estuaires des rivières côtières, souvent envasés, ont un aspect peu engageant à marée basse. La slikke est submergée à chaque marée haute. Elle héberge de petits crustacés, des vers et des coquillages qui, à marée basse, s'enfouissent dans la vase, à l'abri des courants et des prédateurs.
Le schorre, sorte de marais, est submergé seulement au moment des fortes marées.

Garde-manger vaseux

Au bord de l'estuaire s'étendent des surfaces plates recouvertes d'une vase grise et sombre : les vasières. La partie basse de la vasière (ou slikke) est recouverte par la mer à chaque marée haute. Presque dépourvue de plantes, cette vase abrite de nombreuses espèces de coquillages, de crustacés et de vers. Les poissons s'en régalent à marée haute, et les oiseaux à marée basse. La partie haute de la vasière (ou schorre) n'est recouverte que lors des plus fortes marées. Elle est colonisée par une végétation dense capable de résister à l'eau salée.

Leur confrontation crée des changements brutaux dans les conditions de vie des espèces qui peuplent cet environnement.

Le mascaret

Dans certains estuaires, la marée montante provoque parfois un mascaret, une série de vagues qui remontent le fleuve à une vitesse de 20 km/h. La première vague peut dépasser deux mètres de haut. Autrefois, les mascarets étaient dangereux pour les bateaux et les curieux qui venaient assister au spectacle. Les aménagements des berges et du lit des fleuves ont beaucoup diminué leur puissance, mais en Gironde, le mascaret se forme toujours. Les jours de grande marée, surfers et kayakistes chevauchent ce train de vagues et remontent le fleuve pendant plusieurs minutes.

Delta

Le Rhône transporte d'énormes quantités de boues et de vases qui se déposent à son embouchure. Il construit ainsi un delta, une plate-forme qui gagne sur la mer et que les plantes colonisent peu à peu. Le fleuve se ramifie en bras nombreux qui serpentent sur cette terre nouvelle.

Menaces sur l'esturgeon

Les fleuves ont longtemps servi de réserve de sable et de gravier pour l'industrie du bâtiment. Aujourd'hui ces activités sont très limitées en rivière. Elles pourraient reprendre à grande échelle dans les estuaires.
En Gironde, les derniers esturgeons sauvages sont menacés par cette exploitation qui risque de détruire leurs zones de nourriture.

Les eaux poubelles **Depuis toujours, les hommes confient leurs déchets aux rivières. Elles entraînent au loin toutes**

Invisibles toxiques

Les gros déchets sont les pollutions les plus visibles mais ce ne sont pas les plus dangereuses pour l'environnement. L'eau des rivières contient aujourd'hui des centaines d'éléments artificiels différents. Ils sont invisibles mais parfois très toxiques pour le milieu. Leur concentration détermine le degré de pollution et indique si l'eau est potable, si l'on peut s'y baigner, y pêcher, etc.

1

Pollutions organiques

Certains polluants sont jetés à l'eau volontairement, comme les eaux d'égouts qui ne sont pas traitées. Il s'agit d'une pollution organique (matière provenant d'organismes vivants, les matières fécales, par exemple). Les élevages et les industries agroalimentaires sont responsables de pollutions de même nature. En quantités réduites, elles sont naturellement éliminées par des bactéries spécialisées.

L'évier n'est pas une poubelle

Tout ce que tu jettes dans un évier aboutira tôt ou tard dans une rivière. Les médicaments ou les diluants pour peintures ne doivent surtout pas y être jetés car ils sont toxiques pour les êtres vivants. Il faut apporter les solvants dans une déchetterie et les médicaments à la pharmacie !

1 et 3. Les rivières ont trop longtemps servi de dépotoirs pour les déchets domestiques, agricoles et industriels. Les quantités de déchets ont souvent dépassé la capacité des bactéries à décomposer les substances polluantes : la pollution gagne alors toute la rivière.

les matières indésirables. Hélas, les polluants ne disparaissent pas, et leurs effets peuvent être désastreux !

Faune d'eau sale

Les eaux d'égouts contiennent des microbes susceptibles de provoquer des maladies. Cette pollution microbienne peut être éliminée par le milieu si elle n'est pas trop forte. Dans les pays tropicaux, l'eau des fleuves contient souvent de nombreux parasites responsables de graves maladies. Ces parasites sont bien plus rares en Europe.

2. Quelques espèces très résistantes parviennent à pousser dans les eaux polluées, telles ces algues filamenteuses.

2
3

4. À la sortie d'une bouche d'égout, les mousses et les algues prospèrent ; des végétaux aquatiques comme les potamots et les rubaniers attirent des poissons. La sagine s'enracine entre les pierres. En été, des salicaires dressent leurs épis roses.

4

Chimie d'eau douce

Toutes sortes de produits parviennent indirectement dans les rivières. Les engrais épandus dans les champs, notamment les nitrates, sont entraînés par les eaux de pluie, et aboutissent dans les rivières et dans la mer où ils provoquent des proliférations d'algues. Les pesticides qui servent à éliminer les mauvaises herbes et les insectes s'attaquant aux récoltes sont utilisés dans les champs et les vergers mais aujourd'hui la moitié des eaux douces en contiennent. Les activités industrielles sont parfois à l'origine de pollutions accidentelles massives provoquées par le rejet d'arsenic, de mercure et autres produits chimiques. Les hydrocarbures qui font tant parler d'eux lors des « marées noires » polluent les eaux douces de manière plus diffuse mais plus importante.

Intoxications **Les grosses pollutions accidentelles ont des effets évidents dans les rivières, mais ce ne sont pas toujours les**

De l'air, SVP

Les pollutions organiques offrent une nourriture abondante aux bactéries capables de les décomposer, mais leur activité demande beaucoup d'oxygène. Aussi, la concentration de l'oxygène dissous dans l'eau diminue, surtout dans des eaux calmes où l'oxygène de l'air ne se diffuse que lentement. Les animaux manquant d'oxygène finissent alors par mourir d'asphyxie. Même si le milieu est finalement capable de se débarrasser des matières organiques, une pollution massive peut ainsi provoquer des dégâts considérables.

1. La sangsue est un ver parasite qui se nourrit de sang. Selon son espèce, elle choisit un canard, une grenouille, un poisson ou un mammifère. Celle-ci s'apprête à pondre.

2. Ces poissons décimés par des rejets nocifs sont évacués pour ne pas accroître la pollution du fleuve !

Insidieux empoisonnements

Certaines pollutions sont particulièrement insidieuses et difficiles à enrayer : si on en connaît parfois les effets, leurs causes exactes sont moins faciles à déterminer. Ainsi, de nouveaux produits chimiques, inventés chaque année, se retrouvent maintenant dans les eaux, sans que leurs effets sur l'homme et sur des espèces animales et végétales aient été analysés, ou que leur combinaison avec d'autres substances ait été étudiée. Pourtant, ils provoquent des maladies ou rendent stériles certains animaux. Lorsque les biologistes constatent un phénomène anormal, ils doivent multiplier les analyses pour identifier le produit responsable.

3. Mâle et femelle gammares. Ces crevettes supportent assez bien les eaux polluées, riches en matières organiques dont elles se nourrissent.

plus dangereuses pour l'environnement. De multiples autres pollutions, plus sournoises, menacent gravement les écosystèmes.

Bioaccumulation

Parfois, les doses des produits toxiques contenus par l'eau des rivières sont faibles. Cela ne garantit pas pour autant la bonne santé du milieu. En effet, ces substances qui s'accumulent d'abord dans les micro-algues et les plantes passent ensuite dans les organismes des animaux. En consommant les végétaux atteints par la pollution, ils concentrent les toxines dans leur foie ou dans leurs muscles. Enfin, les prédateurs sont à leur tour intoxiqués, puis les super-prédateurs.

4. À chaque maillon de la chaîne alimentaire, la concentration des toxines augmente, si bien que les poissons carnivores et les oiseaux pêcheurs sont les plus touchés par la pollution.

Le martin-pêcheur niche dans des trous creusés dans les berges. Il se nourrit exclusivement de poissons, et la qualité des eaux est pour lui essentielle.

Indicateurs biologiques

Il n'est pas toujours nécessaire d'analyser l'eau d'une rivière pour savoir si elle est polluée ou non.
La présence ou l'absence de certains insectes aquatiques est un bon indice de son état de santé. Il existe en effet des espèces très sensibles à la pollution alors que d'autres la supportent bien. Le peuplement d'une rivière dépend donc de son degré de pollution. Par exemple, une grande abondance de vers de vase associée à l'absence de certaines espèces d'insectes traduit une pollution organique permanente. De la même façon, la présence ou l'absence de certains poissons est très significative.

Eaux dormantes

Les eaux dormantes, sombres et froides, sont souvent des lieux mystérieux et entourés de légendes. Ce sont aussi des milieux naturels complexes, fragiles, passionnants à observer, et qui demandent une protection particulière.

La mare Abreuvoirs à bestiaux ou réserves d'eau pour les lavoirs, les mares à canards furent utilisées pendant des siècles.

Conditions extrêmes

Les mares sont des pièces d'eau de petite taille, souvent artificielles. Elles sont très variées mais ont un point commun : elles contiennent si peu d'eau qu'elles s'assèchent parfois complètement, par évaporation ou infiltration de l'eau dans le sol. Pour les animaux, les conditions de vie y sont particulièrement rudes. En hiver, ils sont pris sous la glace et en été, ils doivent supporter jusqu'à plus de 30 °C. Enfin, au cours de la journée, la température de l'eau et sa teneur en oxygène varient aussi beaucoup.

1. En un siècle, 90 % des mares ont disparu.

2. Les mares qui se forment à la suite d'une inondation ont une durée de vie limitée mais elles permettent la reproduction de nombreuses espèces, notamment des grenouilles et des crapauds.

Invasion

Les rotifères et les daphnies produisent des « œufs de durée » capables de vivre au ralenti plusieurs années dans la boue d'une mare asséchée. À la moindre pluie, les œufs éclosent et la mare se repeuple rapidement. Ces animaux peuvent envahir toute la masse d'eau en quelques jours ! Le plancton végétal qui s'est lui-même multiplié leur sert de nourriture. Des insectes aquatiques arrivent par la voie des airs. Les oiseaux attirés par la mare apportent des graines sur leurs pattes ou dans leurs excréments.

3

Aujourd'hui, de moins en moins nombreuses, elles sont souvent comblées bien qu'elles se révèlent pourtant très utiles.

3. Excellent nageur, le dytique est également capable de voler d'une mare à l'autre.

4. La notonecte doit venir respirer en surface. Elle nage sur le dos en se propulsant à l'aide de ses pattes arrière.

L'archipel des mares

Colonisée un peu par hasard, chaque mare contient peu d'espèces différentes, mais l'ensemble des mares d'une région présente une forte diversité. Une mare peut être très banale, alors que sa voisine abritera des espèces rares. Disparaissant et renaissant sans cesse, elles sont très difficiles à compter, mais il y en a plusieurs centaines de milliers en France. Cet « archipel des mares » est important pour le repeuplement des plans d'eau.
À la campagne, elles sont toujours utiles en cas de forte pluie, car elles retiennent l'eau qui pourrait entraîner la terre et réduisent ainsi l'érosion des sols. En forêt, elles servent de réserves d'eau pour les cerfs et les renards.

4
5

Des mares dépolluantes

Lorsqu'il pleut, les autoroutes sont des sources de pollution : l'huile, l'essence, les produits des gaz d'échappement se retrouvent dans l'eau qui ruisselle sur la chaussée. Les mares qui ont été creusées au bord des voies recueillent ces eaux polluées. Les boues sales s'y déposent au fond au lieu de rejoindre les rivières. Ces milieux sont d'autant plus appréciés par la faune sauvage qu'ils sont peu fréquentés !

5. Les crapauds vivent sur la terre ferme mais pondent en eau douce. Leurs têtards mènent une vie aquatique pendant plusieurs semaines.

Fabriquer une mare

Il faut d'abord creuser un trou dans son jardin, d'au moins une dizaine de mètres carrés et de 50 cm à 1 m de profondeur. Une forme irrégulière fournira plus d'abris aux animaux. Une bâche recouverte d'une bonne couche de terre argileuse assurera l'étanchéité du bassin tout en permettant aux plantes aquatiques de s'installer.

Tu peux y mettre des poissons, mais il faut éviter la surpopulation. Les insectes arriveront par leurs propres moyens. Attention, il est interdit d'y mettre des grenouilles : en France, elles sont protégées et doivent venir d'elles-mêmes dans ta mare !

Le lac Agités par la houle et soumis à des mini-marées, les grands lacs sont de véritables mers intérieures. Souvent très

1. Le lac du Bourget, un des grands lacs naturels de France.

La nuit glacée des profondeurs

Le bord du lac est colonisé par des plantes en partie immergées. Lorsqu'on s'éloigne du bord, la profondeur de l'eau augmente rapidement et seules les plantes aquatiques peuvent y pousser. Comme les plantes terrestres, elles ont besoin de la lumière du soleil pour se développer. Au-delà d'une certaine profondeur, il n'y a plus assez de lumière pour elles. La profondeur joue aussi un rôle important sur la température de l'eau. En été, le soleil réchauffe la surface, mais l'eau n'est pas assez agitée pour que ce réchauffement atteigne les zones profondes ; celles-ci restent froides, autour de 4 °C, dans les lacs de montagne. Cette différence disparaît en hiver : toute la masse d'eau est alors refroidie.

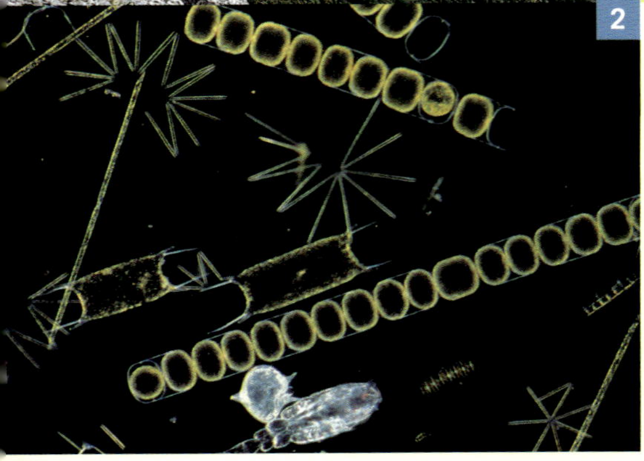

2. Les diatomées sont des algues microscopiques communes dans les lacs et les étangs. De taille et de forme très variées, elles constituent une grande partie du plancton végétal en eau douce.

Plancton d'eau douce

Des algues microscopiques se développent en pleine eau. Constituées d'une seule cellule, elles se divisent environ une fois par jour lorsque les conditions sont favorables, donnant naissance à deux nouvelles cellules. Pour cela, elles ont seulement besoin de lumière et d'éléments nutritifs comme les nitrates, les phosphates ou le fer. Ces microalgues constituent le phytoplancton, ou plancton végétal. Elles servent de nourriture à un ensemble d'animaux microscopiques flottant dans l'eau : le zooplancton. Les poissons et toutes sortes d'animaux aquatiques se nourrissent du plancton en suspension dans l'eau. Lorsque les organismes planctoniques meurent, ils coulent et nourrissent la faune du fond.

Les lacs les plus grands du monde

Mer Caspienne (Asie centrale) : 371 000 km²

Lac Supérieur (Amérique du Nord) : 83 000 km²

Lac Victoria (Afrique) : 69 000 km²

Les lacs les plus profonds du monde

Lac Baïkal (Russie) : 1 620 m

Lac Tanganyika (Afrique) : 1 470 m

Mer Caspienne (Asie centrale) : 1 025 m

En France

Lac Léman : superficie 580 km², profondeur maximale : 310 m

Lac du Bourget : superficie 44 km², profondeur maximale : 145 m anciens, ils occupent les cuvettes autrefois creusées par les glaciers ou d'anciens fossés d'effondrement de la croûte terrestre.

Couleurs révélatrices

L'eau des lacs de montagne est réputée pour sa grande clarté. C'est très attirant pour les touristes, mais pas pour les animaux aquatiques ! En effet, une eau claire contient peu de plancton. Faute de nourriture, les animaux sont peu nombreux. Au contraire, si l'eau est verte, c'est qu'elle contient beaucoup de plancton... et de mangeurs de plancton. Une eau brune est acide : la matière organique venant des végétaux et animaux morts s'y décompose lentement.

3. Omble chevalier. Ce poisson aime les eaux profondes et bien oxygénées des lacs alpins.

4. Fleurs de milieux humides, en montagne

3
5

4

5. La plupart des lacs alpins sont nés à la fin de la dernière glaciation, il y a environ 10 000 ans. Ils se comblent peu à peu.

Diversité des lacs

Malgré son eau un peu salée, la mer Caspienne est considérée comme un lac car elle est séparée de l'océan mondial. Sa surface dépasse celle de l'Allemagne, mais la plupart des lacs sont bien plus petits. Beaucoup ont une origine naturelle mais certains sont des retenues artificielles pour les barrages. Les lacs s'échelonnent depuis les hautes altitudes jusqu'en dessous du niveau de la mer. Leur niveau d'eau varie au cours de l'année, selon leur alimentation par des rivières, une nappe d'eau souterraine ou la pluie, et les sorties d'eau (rivières ou évaporation).

L'étang S'approcher d'un étang n'est pas toujours facile. Le sol spongieux, imbibé d'eau, est recouvert de hautes touffes

1. Nénuphar blanc. De nombreux petits animaux vivent sur les feuilles des nénuphars ou au-dessous. Ils s'en nourrissent ou y pondent leurs œufs.

Ceintures végétales

La végétation du bord de l'étang se dispose en fonction de l'humidité du sol et de la profondeur de l'eau. Selon leurs besoins, les plantes se situent plus ou moins loin de la rive. Elles forment des « ceintures » successives.
Au pied des saules et des aulnes, qui supportent un sol constamment trempé, poussent de grosses touffes de laîches qui forment des « touradons ». Les iris et les roseaux croissent dans une faible épaisseur d'eau.
Une troisième ceinture se forme avec les plantes enracinées dans la vase et dont les feuilles flottent à la surface de l'eau, comme les renoncules d'eau et les nénuphars. Au-delà commence le domaine des plantes totalement immergées comme les myriophylles ou les utriculaires.

Produits d'eau douce

La richesse de l'étang n'est pas seulement déterminée par la quantité de plantes et d'animaux qu'il abrite. C'est surtout la productivité qui importe, c'est-à-dire la vitesse de croissance des êtres vivants. Si les plantes poussent vite, elles offrent plus de nourriture aux herbivores, ce qui profite aussi aux carnivores.
Les étangs attirent une foule d'animaux qui s'y nourrissent ou s'y réfugient : couleuvres, rats musqués, hérons, canards, etc.

2. Aulne glutineux, un arbre typique des milieux humides.

Elle doit cependant pondre dans l'eau, car ses larves sont aquatiques.
C'est une espèce protégée, qu'il ne faut ni capturer ni déplacer.

3. La salamandre est un amphibien. Elle vit à terre, en milieu humide, mais nage mal.

4. Les libellules pondent à la surface de l'eau. Leurs larves vivent plusieurs années dans l'eau.

d'herbes instables. Avant même de l'apercevoir, le promeneur a déjà les pieds dans l'eau !

Ni une mare, ni un lac

Les étangs sont des plans d'eau qui ne sont ni des mares ni des lacs ! Comme ils sont souvent artificiels, ils peuvent être vidés, mais ils ne s'assèchent pas spontanément comme les mares. Ils se caractérisent surtout par leur faible profondeur. Au contraire des lacs, le fond des étangs reçoit partout assez de lumière pour que des plantes puissent s'y développer.

5. La couleuvre à collier se nourrit de grenouilles, de poissons et de petits oiseaux. Elle nage très bien et peut rester 30 minutes sous l'eau.

6. Le roseau, ou phragmite, pousse en abondance au bord des étangs.

7. La massette se reconnaît à ses fleurs brunes groupées en forme de saucisses.

Affût

L'étang est un milieu difficile à connaître à cause de la diversité de sa flore et de sa faune. Pour commencer, rien ne vaut de passer une heure sans bouger ni parler, bien caché au bord de l'étang, à un endroit permettant d'observer une roselière et l'eau libre. Cris et bruissements dans les roseaux trahiront la présence d'animaux qui, peut-être, apparaîtront furtivement. Jumelles et anti-moustiques recommandés !

Le lac de barrage Utilisés pour l'irrigation, la production d'énergie ou pour la navigation fluviale, les lacs de barrages

Les fonctions des barrages

La France compte plus de 500 barrages d'une hauteur supérieure à 15 m. La plupart d'entre eux servent à produire de l'électricité : la pression de l'eau fait tourner des turbines qui génèrent du courant électrique. D'autres barrages permettent de réguler le débit des fleuves et d'atténuer les grosses crues. Ils sont aussi des réservoirs d'eau pour l'irrigation des terres agricoles, lors des périodes sèches.

1

La vie du barrage

Un lac de barrage n'offre pas le même milieu qu'un lac naturel. Les lâchers d'eau provoquent des baisses de niveau importantes qui rendent les berges difficilement colonisables par les plantes aquatiques. L'entretien des installations du barrage demande une mise à sec tous les dix ans. Cette opération, prise sans précaution, est parfois catastrophique pour la faune vivant en aval qui reçoit brutalement toutes les matières en suspension qui s'étaient déposées dans le lac.

2

2. Le barrage des Trois Gorges en Chine.

Barrages géants

Les constructions de barrages géants se sont multipliées dans le monde, depuis les années 1980. Actuellement, le plus grand est le barrage d'Itaipú, entre le Brésil et le Paraguay, qui mesure plus de 7 km de long. En Chine, le barrage des Trois Gorges, sur le fleuve Yangzi, devrait fournir à lui seul 11 % de l'électricité du pays et réduire la violence des crues du fleuve, régulièrement responsable de milliers de morts. Long de 2 300 m et haut de 185, le barrage devrait créer un plan d'eau de 1000 km^2 (2 fois la superficie du lac Léman) qui noiera 4500 villages et 12 villes !

ont une grande importance économique, mais leur impact sur l'environnement est rarement pris en compte.

1. Les saumons adultes peuvent franchir les barrages grâce aux « échelles d'eau » construites pour leurs migrations.

Saumon

Bouleversements

La création d'un lac de barrage bouleverse l'environnement. Il noie une vallée, parfois sur une surface immense. La faune de la rivière alimentant le lac est remplacée par des animaux plus adaptés aux eaux calmes d'un lac. Le barrage bloque la remontée des poissons migrateurs vers leurs lieux de ponte, les frayères, même si les passes à poissons permettent de résoudre en partie le problème. Les milieux situés en aval du barrage sont appauvris car les particules nutritives sont retenues dans le lac. Enfin, la réduction des crues provoque la disparition des zones humides qui dépendent des inondations.

3. La sarcelle d'hiver est le plus petit canard d'Europe. Elle est abondante en hiver, surtout sur les plans d'eau bordés de roselières.

4. À chaque fois qu'un barrage est vidé pour son entretien, une grande partie de la faune aquatique disparaît, tandis que la végétation reprend rapidement ses droits.

De grands risques pour l'environnement

Certains scientifiques pensent que les conséquences négatives du barrage des Trois Gorges (Chine) risquent de dépasser largement les bénéfices qu'on en attend. Le climat de la région toute entière sera modifié. La fréquence des maladies dues à des parasites liés aux eaux stagnantes risque d'augmenter. De plus, la fertilité des terres en aval devrait être grandement réduite. C'est ce qui s'est produit avec le barrage d'Assouan, sur le Nil, qui a bloqué le dépôt des limons fertiles sur les terres de la vallée. De nouvelles terres ont pu être irriguées, mais les paysans ont été obligés d'acheter des engrais pour enrichir leurs sols.

Mort par indigestion Les eaux dormantes sont des milieux délicats, à l'équilibre fragile. Comme l'eau ne circule pas,

Enrichissement cyclique

Les débris animaux et végétaux qui s'accumulent au fond d'un étang sont décomposés par des bactéries. Celles-ci libèrent les éléments minéraux, notamment nitrates et phosphates, qui sont réutilisés par les algues du plancton pour leur croissance.
Leur prolifération profite au zooplancton, puis aux autres animaux. Lorsqu'ils meurent, ils aboutissent au fond de l'eau, où les bactéries recyclent une nouvelle fois les éléments minéraux qu'ils contiennent.

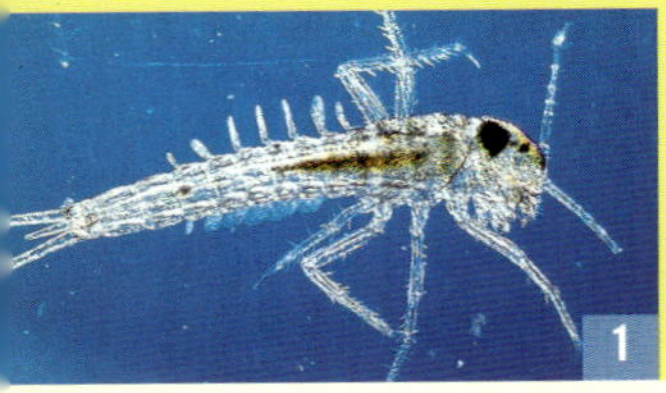

1

Autoépuration avec limites

Si un égout se déverse dans l'étang, les bactéries s'activent un peu plus pour digérer ce surplus de matière organique. Si celui-ci est trop abondant, l'autoépuration naturelle ne suffit plus à l'éliminer.
La concentration en sels minéraux augmente alors, provoquant une prolifération incontrôlée des végétaux, notamment des algues et des cyanobactéries. Ce sont des bactéries particulières qui se développent comme les plantes par photosynthèse et qui apprécient les zones polluées.

2

Étouffement aquatique

La prolifération de la végétation finit par masquer la lumière du soleil. Au fond, les algues meurent et se décomposent. Les bactéries consomment de plus en plus d'oxygène, ce qui aboutit à une asphyxie complète du milieu. La mort de nombreux animaux augmente alors la quantité de matière en décomposition.
Finalement, le plan d'eau se couvre d'une couche d'algues gluantes, les « fleurs d'eau », seuls organismes capables de supporter ces conditions.
Cet enrichissement déséquilibré du milieu se nomme « eutrophisation ».

1. La larve de perle est un excellent « bio-indicateur ». Beaucoup d'insectes révèlent, par leur présence ou leur absence, la bonne qualité du milieu aquatique.

2 En France, un tiers des fleuves et des grandes rivières sont fortement touchés par l'eutrophisation. Les nitrates atteignent la mer et provoquent la prolifération d'algues vertes qui s'accumulent sur les plages.

Conséquences

Dans un plan d'eau eutrophisé, des odeurs nauséabondes se dégagent de la vase du fond. La baignade devient difficile ou même impossible. La présence des algues complique beaucoup le traitement des eaux pour la production d'eau potable. Des algues toxiques font même parfois leur apparition et empoisonnent les quelques poissons survivants. L'état du lac ne peut s'améliorer que si l'on supprime les apports en matières nutritives.
Comme leurs eaux se renouvellent lentement, les lacs profonds sont particulièrement sensibles à l'eutrophisation, mais ce phénomène touche également les fleuves et la mer.

3. Les étangs sont souvent en partie couverts par des végétaux flottants. Ils sont naturellement eutrophes, c'est-à-dire « bien nourris ». Ce terme désigne aussi, couramment, les milieux aquatiques déséquilibrés qui sont en fait trop et mal nourris.

Sauvetage des lacs de montagne

Au cours du XXe siècle, les villes se sont beaucoup développées autour des grands lacs des Alpes (le lac Léman, le lac d'Annecy...). Leurs eaux usées étaient traditionnellement rejetées dans les lacs. Mais ce qui fonctionnait pour quelques milliers de personnes s'est révélé impraticable pour plusieurs centaines de milliers ! Les pêcheurs ont vu leurs prises décroître rapidement tandis que l'eau se couvrait dès le printemps d'algues filamenteuses vertes ou rouges.
La construction de stations d'épuration a permis de sauver ces lacs, bien qu'ils n'aient pas encore retrouvé leur limpidité initiale. Hélas, une partie de la pollution a simplement été déviée vers les rivières !

Terres aquatiques

Pour le citadin, ce sont des zones impraticables et vaguement inquiétantes ; pour l'agriculteur, des terres à assécher et à mettre en culture ; pour le biologiste, des milieux riches et variés, à protéger impérativement. Marais, tourbières ou plaines inondées, ces terres humides sont mal connues, mal aimées et pourtant passionnantes à découvrir.

La plaine inondée L'influence du fleuve s'étend bien au-delà de ses rives. De part et d'autre de son lit, les terres qui

Les deux lits du fleuve

Une crue est une montée du niveau de l'eau du fleuve, qui peut alors sortir de son lit et envahir la vallée dans laquelle il coule. Pour les hommes, une inondation est un accident à la suite duquel le fleuve regagne son lit. Dans l'histoire du fleuve, l'inondation est un événement normal au cours duquel il occupe son « lit majeur », c'est-à-dire l'ensemble de la vallée dans laquelle s'étalaient jadis ses méandres.

1
2

1. La Bourbeuse (territoire de Belfort) est sortie de son lit mineur et a envahi son lit majeur, c'est-à-dire toute la vallée qu'elle traverse.

Les pieds dans l'eau

Au cours du temps, le fleuve a creusé puis abandonné ses méandres dont il reste des traces sous la forme de bras morts ou de marécages. Dans les prairies régulièrement inondées, le sol reste longtemps gorgé d'eau. Toutes les plantes ne supportent pas ces conditions car cette nappe d'eau prive les racines d'air. De nombreuses espèces, comme les saules ou les aulnes, sont pourtant adaptées à ce milieu.

Éponges et filtres

Les terrains inondés chaque année jouent un rôle très important dans la nature. Telles des éponges, les prairies et les haies retiennent l'eau, bien mieux que ne le ferait un sol nu. Lors d'une inondation, elles retardent l'écoulement de l'eau vers l'aval, atténuant les effets de la crue et limitant l'érosion du sol. Les plantes jouent aussi le rôle de filtres en retenant les sédiments transportés par le fleuve en crue. Elles utilisent certains polluants comme les nitrates et les phosphates piégés dans la boue, si bien que l'eau de la décrue se trouve épurée.

le bordent sont parfois inondées. Sa vallée est une mosaïque de milieux aquatiques, de terre ferme et de «zones humides».

3. Les ragondins creusent leurs terriers dans les digues construites le long des fleuves. Si elles sont trop affaiblies, elles peuvent rompre brutalement lors d'une crue.

Des aménagements risqués

La plupart des fleuves ont été aménagés : des digues et des lacs-réservoirs permettent d'éviter de nombreuses inondations. D'autres travaux ont cependant eu des effets inverses. La coupe des haies et des forêts situées en amont permet aux eaux de pluie de dévaler les pentes jusqu'au fleuve et de le gonfler brutalement. Autrefois, les méandres et la végétation des berges ralentissaient la vitesse du courant. Avec leurs berges bétonnées et leurs cours rectifiés, les eaux superficielles s'écoulent plus vite et les crues sont plus violentes. Des pluies exceptionnelles peuvent alors provoquer des inondations catastrophiques si les digues sont submergées.

3
4

2. Les crues de la Somme provoquent des inondations catastrophiques pour les riverains.

4. Dans nos régions, les crues sont souvent liées aux fortes pluies printanières, parfois renforcées par la fonte des neiges. Ici, dans la vallée de la Somme, des sacs de sable forment des digues provisoires pour limiter l'inondation du fleuve en crue.

Zones inondables

Noyant des villes entières, les inondations provoquent parfois des drames humains. Mais bien souvent, des maisons ont été construites sur des terrains connus pour être régulièrement inondés. Il existe ainsi des « zones inondables » dans un quart des communes de France. Elles sont en principe inconstructibles, mais par négligence ou par intérêt financier, les règlements ne sont pas toujours respectés.

Les marais Marécages, roselières, fagnes ou marais sont des milieux où l'eau et la terre n'ont pas de frontières bien définies.

À l'abri des roselières

À proximité des étangs et des fleuves s'étendent parfois de vastes étendues marécageuses colonisées par les roseaux. Ces roselières sont inondées en permanence ou seulement pendant une partie de l'année.
Le marais abrite de nombreuses espèces d'oiseaux, mais aussi des mammifères, des amphibiens ou des insectes, qui y trouvent abri et nourriture. S'ils ne sont pas coupés, les roseaux envahissent tout l'espace disponible. La fauche traditionnelle des roselières permet cependant de préserver la diversité du milieu. Ces plantes servent à fabriquer des toits de chaume, des matériaux isolants ou de la pâte à papier.

1

Un étang devient forêt

Les étangs et les lacs ne sont pas des milieux éternels. De l'argile, du sable et des débris végétaux s'accumulent au fond. Avec la vitesse d'accumulation actuelle des sédiments, un lac comme le Léman, pourtant très profond, pourrait se combler en 40 000 ans. Dans un étang, les plantes qui poussent au bord colonisent le centre et réduisent peu à peu la surface de l'eau libre. L'étang non entretenu risque ainsi de se combler. Les roseaux remplacent les nénuphars, puis les saules supplantent les roseaux. L'étang devient un marais, qui se transforme en prairie humide parsemée de bosquets et finalement, une forêt s'installe !

3

2

1. Larve de moustique. Les adultes pondent leus œufs dans la moindre mare.

2. Le râle des genêts niche dans les prairies humides et fauchées. Devenu rare à cause de la destruction de son habitat, il est protégé en Europe.

3. Les roseaux atteignent parfois 3 m de hauteur. Ils forment des peuplements très denses qui fournissent un abri à de nombreux oiseaux nicheurs.

Difficiles d'accès, ils nous semblent sauvages et « naturels ». Pourtant, leur histoire est souvent liée aux activités humaines.

Mauvaise réputation

Les hommes se sont longtemps méfiés des zones humides, impénétrables et couvertes de brumes. Les innombrables moustiques transmettaient de graves maladies comme le paludisme qui sévissait jadis dans le sud de la France. Dans de nombreuses légendes, ces lieux insalubres étaient le domaine des sorcières et des démons. Les paysans fréquentaient pourtant ces zones, à la recherche de poissons et de roseaux. Si le parasite responsable du paludisme a été éliminé, les moustiques infestent toujours les marais et beaucoup de gens pensent qu'il faut les assécher. Les biologistes ont pourtant mis en évidence leur grand intérêt écologique.

4. Le busard des roseaux est un rapace typique des roselières et des étangs. Il a beaucoup été chassé mais il est aujourd'hui protégé. Il devient cependant de plus en plus rare. Il se nourrit de petits oiseaux et de rongeurs.

4
5

5. Les marécages sont des terrains recouverts d'une faible épaisseur d'eau et envahis d'une végétation d'herbes aquatiques et d'arbustes. Dans les marais, ce sont les herbes qui dominent.

Observateurs des marais

Les zones humides, et notamment les marais, sont particulièrement riches en oiseaux. Ainsi, les ornithologues ont identifié 346 espèces différentes en Camargue, soit près de trois quarts des oiseaux que l'on peut observer en France ! Beaucoup ne sont que des visiteurs occasionnels, mais 111 espèces y nichent régulièrement. Du marais Vernier, dans l'estuaire de la Seine, au grand Ried alsacien, de nombreuses associations regroupent les amoureux des oiseaux qui passent leurs journées à les observer et les photographier.

La tourbière Nées il y a plusieurs dizaines de milliers d'années, les tourbières sont des témoins de la dernière période

Terre végétale

Les tourbières peuvent ressembler à de simples étangs. En fait, leur originalité est cachée sous terre ! Le sol est en effet très riche en débris végétaux non décomposés et au contraire pauvre en minéraux. Ces matières végétales accumulées au fond de l'eau se tassent sous leur propre poids et se transforment en tourbe, une matière brun-noir qui, une fois séchée, peut servir de combustible. Cette transformation ne se produit qu'en milieu froid et humide, dans une eau stagnante, pauvre en oxygène. L'activité des décomposeurs est alors très réduite, surtout en milieu acide. Les tourbières, abondantes dans les régions arctiques, sont aussi présentes en montagne.

1. Droséra.

Pièges à insectes

Selon l'acidité de l'eau, les tourbières hébergent différentes espèces de plantes. Dans les tourbières acides, ce sont les sphaignes qui dominent. Ces mousses forment des coussins gorgés d'eau qui poussent rapidement. Les parties anciennes situées à la base se transforment en tourbe. Comme les débris végétaux ne se décomposent pratiquement pas, le recyclage des éléments minéraux est très réduit. Pour pallier le manque de sels minéraux, notamment d'azote (le principal constituant des nitrates), certaines plantes se sont adaptées en trouvant une autre source de matière azotées : les animaux ! Dans les tourbières vit une des rares plantes carnivores françaises, la droséra. Ses feuilles sont munies de poils gluants sur lesquels les insectes se collent. La feuille sécrète alors des enzymes qui digèrent la proie engluée, fournissant l'azote qui manque à la plante.

Trésors de tourbières

L'extrême lenteur de la décomposition a une autre conséquence. Les débris des végétaux et les cadavres animaux peuvent se conserver presque indéfiniment. On a ainsi trouvé dans les tourbières les corps momifiés d'hommes et de femmes datant de plusieurs milliers d'années ainsi que leurs vêtements de peau ou de laine et de nombreux objets. Des grains de pollen provenant de la végétation qui poussait aux alentours de la tourbière ont aussi été découverts intacts. En analysant le pollen accumulé dans la tourbe à différentes profondeurs, les scientifiques ont pu reconstituer l'évolution du paysage au cours du temps.

2. La poule d'eau niche dans les bords des plans d'eau où la végétation est épaisse.

glaciaire. Ces étangs aux allures de toundra arctique sont riches en plantes carnivores et en trésors archéologiques !

4. Les mousses, et en particulier les sphaignes, se développent vers le centre de la tourbière et la comblent peu à peu. Finalement, elle s'assèche et peut être colonisée par les bouleaux et les pins, des arbres qui supportent les terrains acides.

3. Une touffe de sphaigne est une véritable éponge : elle peut stocker 20 fois son poids d'eau.

5. Dans les plus anciennes tourbières, la tourbe est épaisse de plusieurs mètres. La plupart des grandes tourbières d'Europe de l'Ouest ont disparu, par assèchement ou à cause de l'exploitation industrielle de la tourbe.

Bouquets interdits !

L'andromède, la linaigrette gracile et une quarantaine d'autres plantes des tourbières sont protégées. Survivantes de l'époque glaciaire, elles sont devenues rares et il est interdit de les cueillir.

La France est très riche en espèces végétales, du fait de la variété de ses climats. La destruction de nombreux milieux naturels a rendu nécessaire la protection de plusieurs centaines de plantes.

La rizière **Alors que les hommes ont fait disparaître d'énormes surfaces de marais, de lagunes et de tourbières, ils ont pourtant**

Céréale des marais

Le riz est une graminée, la famille des herbes et des céréales (blé, maïs, seigle...). Il existe des milliers de variétés de riz. Elles sont adaptées à des milieux très divers mais ont presque toutes besoin de beaucoup d'eau pendant leur période de croissance. La plupart des rizières sont alimentées en eau par irrigation.
L'eau d'un fleuve est distribuée dans les parcelles par des pompes ou par un réseau de canaux. Le riz peut alors pousser dans une couche d'eau de hauteur contrôlée, en général 10 à 50 centimètres. Certaines cultures ne dépendent que de la pluie ou de l'eau laissée chaque année dans le sol par des inondations.

1 2

Deux à trois récoltes par an

La rizière est soigneusement préparée avant la mise en culture. Le sol doit en être parfaitement horizontal afin que la profondeur de l'eau soit constante sur toute sa surface. Traditionnellement, on sème le riz hors de la rizière, dans une terre favorable à la germination. Les jeunes pousses sont « repiquées » dans la rizière inondée. Lorsque les grains sont mûrs, on assèche la rizière pour la récolte. Dans la plupart des pays producteurs de riz, situés sous les tropiques, ces opérations s'effectuent à la main, ce qui nécessite une main-d'œuvre abondante. Dans un climat chaud, il est possible de réaliser 2 ou 3 récoltes chaque année. En France ou aux États-Unis, le riz germé est semé directement dans la rizière qui est ensuite mise en eau. Le semis et la récolte sont mécanisés. Il n'y a qu'une récolte par an.

1. Plants de riz.

2. En Camargue, la culture du riz est entièrement mécanisée.

créé un milieu humide artificiel, consacré à la culture de la première plante alimentaire mondiale, le riz.

Riz, soie et poissons

La riziculture est l'une des cultures les plus productives du monde. Les rendements varient selon les variétés et les conditions de culture, de 1 à 10 tonnes par hectare (jusqu'à 6 tonnes en France). Comme dans les marais naturels, le milieu est très riche en plantes et en animaux. Les poissons et la faune de la vase attirent de nombreux oiseaux, comme les hérons et les canards.
En Chine, on cultive des mûriers sur les digues séparant les rizières. Leurs feuilles nourrissent des vers à soie dont les déjections sont jetées dans les rizières, et consommées par les poissons. Ceux-ci éliminent une partie des insectes nuisibles au riz et sont finalement pêchés après la récolte.

4

4. Grain de riz encore protégé dans son enveloppe et son épi.

3

3. Les flamants roses nichent dans les marais d'eau salée de Camargue mais visitent les rizières pour se nourrir de petits animaux aquatiques.

Riz camarguais

En France, le riz se cultive surtout en Camargue. Cette ancienne zone de marais, située dans le delta du Rhône, est aujourd'hui partagée entre les cultures, l'élevage de bovins et de chevaux et les réserves naturelles. Si l'abondance de l'eau, le relief plat et le climat chaud sont favorables à la riziculture, il faut irriguer abondamment pour éviter la remontée d'eau salée des nappes souterraines. Hélas, les engrais et les pesticides utilisés perturbent l'ensemble de l'environnement.

N°1 mondial

Le riz est la principale céréale mondiale, avec une production annuelle de 390 millions de tonnes de riz blanc. Il occupe 11 % des terres cultivables et nourrit un humain sur deux. L'Asie en produit 90 %, la France seulement 0,2 %.

Richesses naturelles Les forêts équatoriales ou les récifs coralliens ne sont pas les seuls exemples de l'exubérance

Richesse N° 1

La richesse biologique d'un milieu se mesure d'abord à sa biodiversité, c'est-à-dire aux nombre d'espèces végétales et animales qui y vivent. La plupart des zones humides sont caractérisées par une forte biodiversité. Ainsi, en France, la moitié des espèces d'oiseaux dépendent des milieux humides. Un tiers des plantes menacées y poussent. De plus, de nombreuses espèces sont endémiques (elles ne vivent que dans une zone restreinte). Cet aspect a une conséquence importante : si le milieu est détruit, l'espèce disparaît définitivement.

1. La fritillaire pintade pousse au printemps dans les prairies humides. Elle est protégée dans certaines régions.

1

2

Richesse N° 2

La deuxième richesse des milieux humides est leur forte production. L'abondance de l'eau permet à la végétation de pousser et de se développer rapidement. Dans les pays chauds, la productivité des zones humides peut dépasser celle des milieux les plus riches de la planète, comme les forêts équatoriales. Les plantes abondantes et variées offrent de la nourriture à une masse considérable d'insectes, de crustacés et de vers. Cette faune constitue pour les oiseaux migrateurs, comme les canards ou les grues, un prodigieux garde-manger qui leur permet d'accumuler des réserves de graisse avant leurs grands voyages, et des abris pour leurs haltes indispensables.

2. En Europe, plus de la moitié des espèces d'oiseaux dépendent des milieux humides. Les migrateurs y séjournent. Les marais servent aussi de lieu de nidification pour de nombreux oiseaux qui y trouvent une nourriture abondante pour élever leurs petits.

de la nature. À notre porte, les zones humides nous offrent aussi des écosystèmes parmi les plus productifs de la planète.

3. Le butor étoilé est un oiseau caractéristique des roselières où son plumage rayé le rend presque invisible. Il se nourrit surtout de petits poissons mais capture aussi des grenouilles et des petits rongeurs.

Tranquilles !

Les marais, difficiles d'accès, offrent à de nombreuses espèces menacées, comme la loutre ou le vison, un refuge pour s'y reproduire. C'est un milieu privilégié pour observer les oiseaux, mais aussi les libellules, les amphibiens ou les rares tortues d'eau.

4. Les vaches des Highlands d'Écosse sont des animaux rustiques bien adaptés aux milieux humides.

Bovins d'entretien

La fauche des roseaux et l'ouverture de voies d'eau évitent le comblement progressif des marais et leur transformation en forêts, des milieux bien plus banals que les zones humides. Dans certains marais, ce sont des troupeaux de chevaux ou de bovins rustiques qui ouvrent le milieu en broutant une partie des roseaux. Cependant, des troupeaux trop nombreux risquent de piétiner la végétation et de faire fuir la faune sauvage. Il faut respecter les capacités du milieu et arriver à un équilibre.

Un avenir incertain **Les milieux humides ont été trop souvent asséchés et détruits malgré leur grand intérêt écologique.**

Assèchements inutiles

Les milieux humides représentent en France 1,5 million d'hectares, soit 3 % du territoire national. Il y a un siècle, leur surface était trois fois plus importante. Ces lieux ont été longtemps sous-estimés par les hommes qui les ont asséchés pour cultiver de nouvelles terres ou simplement pour éliminer des zones considérées comme malsaines. Aujourd'hui, la surproduction agricole oblige à mettre de nombreuses terres en jachère. Il est devenu inutile d'assécher des marais alors que des terres cultivables restent en friche ! Enfin, transformer des zones humides en plantations de peupliers n'offre que peu d'intérêt. Ces tristes alignements n'ont qu'une faible valeur économique et écologique.

Le coût caché des destructions

La destruction de ces milieux n'est pas seulement une grave erreur écologique. Elle a aussi des conséquences économiques qui commencent à être prises en considération.

Les zones humides amortissent les crues, comme les lacs-réservoirs, mais de façon bien moins coûteuse. Il n'y a rien à construire, il suffit de les laisser en place ! De même leur efficacité dans la filtration de l'eau permet de diminuer les traitements nécessaires à la production d'eau potable. Tous ces services rendus sont gratuits, mais ignorés justement parce qu'ils sont gratuits !

Plusieurs pays européens ont commencé à rétablir des zones humides pour remplacer les barrages et les stations d'épuration.

1. Le fuligule nyroca, menacé par les destructions de roselières, est protégé en Europe. En France, ce canard migrateur est devenu très rare.

2. Réserve naturelle vue d'avion.

De nombreux pays commencent pourtant à prendre en compte les services qu'ils rendent aux collectivités humaines.

Logiques contradictoires

Les parcs de Camargue ou du Marquenterre attirent des millions de visiteurs fascinés par la vie sauvage de ces milieux humides ; leur présence en nombre toujours plus important est source de revenus pour ces régions, bien qu'elle menace en même temps la conservation de ces milieux.

Les chasseurs de gibier d'eau, quant à eux, laissent chaque année dans la nature des milliers de tonnes de plomb qui empoisonnent les oiseaux. Leur activité fait peser une menace sur la survie de certains oiseaux migrateurs qui, justement, constituent une partie de leur gibier.

3

3. Un abri de toile permet d'approcher les oiseaux sans les effrayer. Un silence complet est fortement recommandé !

Protection locale

De nombreuses associations agissent pour la protection d'une tourbière menacée ou pour la réhabilitation d'un marais abandonné. Participer à leurs activités est un bon moyen de découvrir la vie cachée de ces milieux si mal connus.

Protection internationale

L'importance des zones humides commence à être reconnue au niveau international, dans l'environnement mais aussi dans l'économie.
135 pays ont signé la convention de Ramsar. Cet accord international pour la protection des zones humides concerne 1 230 sites qui couvrent une superficie de 1 million de km^2 (deux fois la France). Cependant, il ne s'agit encore que d'un simple engagement et l'application des mesures de protection repose avant tout sur la bonne volonté de chacun de ces États.

Eaux du ciel et de la terre

Sur notre planète, l'eau est toujours en mouvement. Celle des fleuves coule vers la mer et celle des océans regagne les continents par la voie des airs, sous forme de nuages de pluie ou de neige. Au cours de ce cycle éternel, l'eau donne vie aux plantes, aux animaux et aux humains.

Le cycle de l'eau Eau, vapeur, neige, glace ou grêle, l'eau est la seule matière qui existe à l'état naturel sous les trois états :

Stocks d'eau

L'eau du monde est à 97 % contenue dans les océans. Cette eau salée est inutilisable pour les plantes et les animaux terrestres. Les 3 % qui restent sont de l'eau douce, mais la presque totalité est stockée dans les roches du sous-sol ou figée en glace. Les plantes et les animaux ont donc, à leur disposition, moins de 1 % de l'eau douce de la Terre. L'atmosphère contient aussi un peu d'eau, ainsi que les êtres vivants qui renferment moins d'un millionième de l'eau mondiale, soit tout de même 1000 km^3 ! Ces stocks ne sont pas figés. L'eau circule en permanence de l'un à l'autre. Une molécule d'eau reste environ neuf jours dans l'atmosphère, mais des milliers d'années dans une calotte glaciaire.

1. À l'état solide, l'eau peut être de la neige, de la glace ou des grêlons comme ceux-ci, tombés au printemps.

1

2

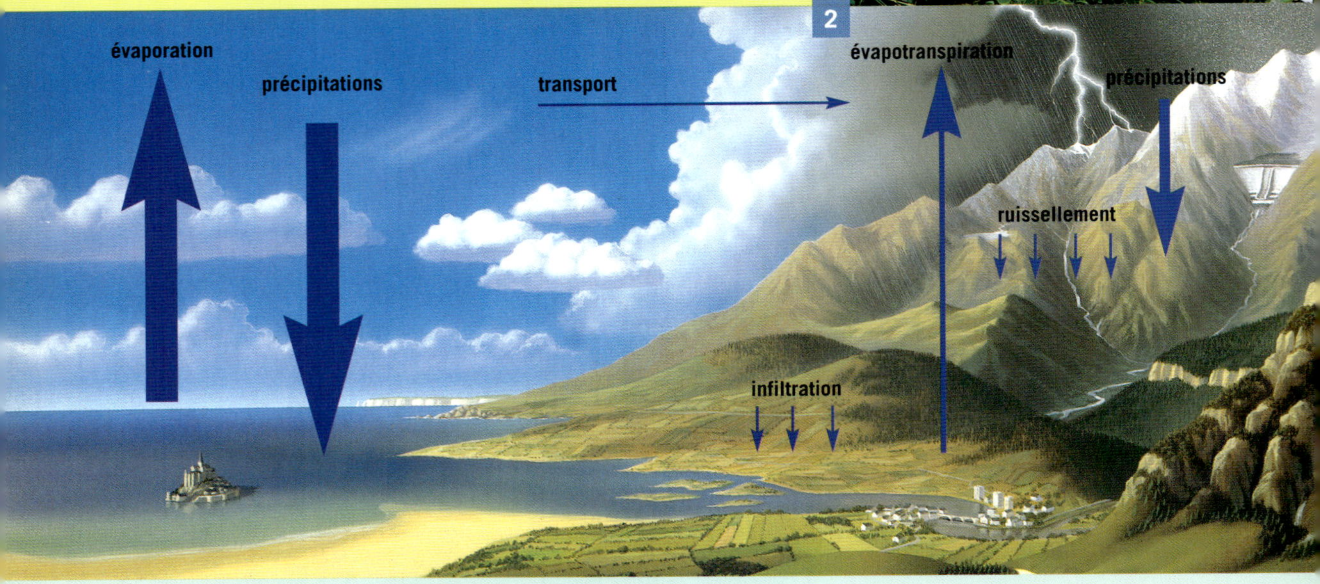

Circulation

La chaleur du soleil provoque l'évaporation de l'eau des océans et des continents. Dans l'atmosphère, la vapeur d'eau se condense en nuages dont une partie est poussée par le vent au-dessus des continents. L'eau retombe sous forme de pluie ou de neige. Le tiers de ces précipitations ruisselle sur la terre et retourne directement à la mer. Une autre partie s'infiltre dans le sol et alimente les nappes d'eau souterraines. Le reste s'évapore à nouveau. Ce cycle planétaire fonctionne grâce à l'énergie solaire qui chauffe notre atmosphère. Lorsque l'eau de l'océan s'évapore, surtout sous les tropiques, cette transformation refroidit l'air. Inversement, lorsque la vapeur d'eau se condense en pluie, l'air se réchauffe. La circulation des nuages, des régions chaudes aux régions froides, permet donc un transfert d'énergie qui assure la répartition de la chaleur à la surface du globe.

2. Sur Terre, la quantité globale d'eau ne change pas mais elle passe continuellement d'une forme à l'autre dans son cycle entre la terre, les océans, les glaciers, l'atmosphère et les êtres vivants.

gazeux, liquide et solide. Cette particularité lui donne le pouvoir de circuler sans cesse entre la terre, la mer et l'atmosphère.

Quand les forêts font pleuvoir

L'eau qui s'infiltre dans le sol joue un rôle essentiel dans la vie des plantes. Leurs racines puisent l'eau et leurs feuilles la rejettent sous forme de vapeur d'eau. Ce mécanisme, appelé évapotranspiration, est indispensable à leur croissance. Une forêt peut ainsi renvoyer dans l'atmosphère la moitié de la pluie qu'elle a reçue. Inversement, une part importante de l'humidité produite par les plantes retourne en pluie sur la forêt.

Interventions

Les animaux interviennent peu dans le cycle de l'eau, mais l'homme joue un rôle plus important de par de ses activités : prélèvements d'eau dans le sous-sol et dans les rivières, émission de vapeur d'eau par les industries, assèchement de l'atmosphère du fait de la déforestation, etc.

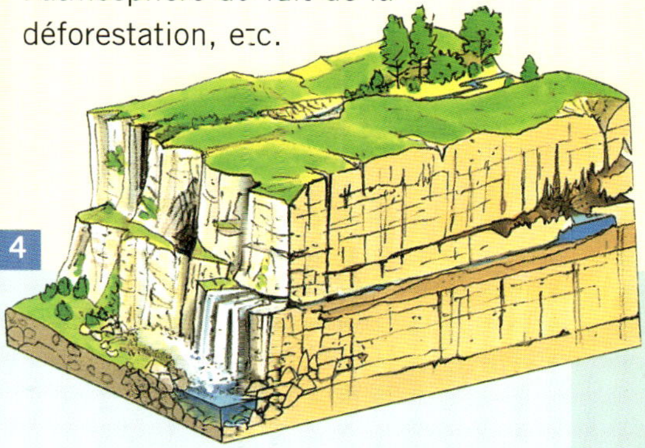

3 4

3. Forêt humide de Guyane.

4. Les eaux souterraines sortent du sol par des sources situées à l'air libre ou dans les océans.

Inégalités

Il tombe en moyenne un mètre d'eau chaque année sur l'ensemble de la terre, mais il pleut moins sur les continents que sur les océans. Les précipitations sont très variables, de moins de un millimètre par an dans les déserts les plus secs, jusqu'à plus de vingt mètres au nord de l'Inde. 75 % des eaux courantes du monde coulent dans les 12 pays les plus arrosés. Leurs habitants disposent (en théorie) de 2 000 fois plus d'eau que les habitants des pays les plus secs.

Nappes d'eau souterraines **La totalité de la pluie ne retourne pas directement à l'océan par les rivières. Au cours de son**

Une nappe n'est pas une poche !

L'eau qui pénètre dans le sol est parfois arrêtée par une roche imperméable, comme l'argile. Elle s'accumule alors au-dessus de cette couche et constitue une nappe d'eau souterraine. Les nappes ne sont pas des poches d'eau contenues dans d'immenses cavernes. L'eau occupe en fait les minuscules interstices de la roche. Elle imbibe les roches poreuses comme le sable, le grès, le calcaire. Les nappes s'étendent souvent sur plusieurs kilomètres de large et quelques mètres d'épaisseur. Les plus grandes dépassent la surface de la France, sur plusieurs centaines de mètres de hauteur.

Vue en coupe du sous-sol.
Le niveau des rivières et des mares est souvent lié à celui de la nappe phréatique.

Lorsque les pluies sont abondantes, le niveau supérieur de la nappe phréatique peut arriver à la surface du sol, formant de vastes prairies inondées.

Une vie de nappe

Les nappes sont alimentées par les pluies et les cours d'eau. L'eau d'une nappe coule vers le bas mais son chemin, lié aussi à la nature de la roche, peut être complexe. Dans une roche calcaire, fissurée, elle peut parcourir un kilomètre par jour. Dans du sable fin, elle franchira cette distance en un an. Le relief permet parfois à une nappe de resurgir à l'air libre sous forme de source. Le niveau supérieur de la nappe (niveau piézométrique) varie selon les précipitations et la présence de forages. En cas de sécheresse, il arrive que les sources se tarissent.

Grand cube

La nappe de la plaine d'Alsace est l'une des plus importantes d'Europe. Elle contient 1,3 milliard de mètres cubes d'eau. Les plus grands réservoirs aquifères fossiles sont situés dans les régions désertiques du Sahara, d'Arabie et des États-Unis. Ces nappes sont massivement exploitées mais elles ne se renouvellent pas, et leurs réserves d'eau seront un jour épuisées.

cycle, l'eau fait parfois un détour par le sous-sol, pour un séjour de quelques jours ou de plusieurs millions d'années !

Réserves d'eau

Les nappes constituent des réservoirs importants pour notre consommation d'eau. On exploite l'eau qu'elles contiennent par des forages. L'eau doit être prélevée en fonction de l'alimentation de la nappe afin de ne pas l'assécher, ni tarir le forage. Des nappes profondes sont situées à plusieurs kilomètres sous terre. Certaines sont des nappes «fossiles» qui se sont formées il y a des millions d'années et dont l'eau ne se renouvelle plus. Les sources sont captées juste à l'endroit où elles émergent pour éviter toute pollution de l'eau après sa sortie de terre.

Les oasis du Sahara sont alimentées en eau par des nappes souterraines qui se sont constituées il y a plusieurs milliers d'années, lorsque le climat était plus humide qu'aujourd'hui.

Géologie pratique

Certaines nappes sont alimentées par des pluies qui tombent à plusieurs centaines de kilomètres de distance. Les géologues étudient comment les roches sont disposées et comment l'eau les traverse. Ils peuvent ainsi comprendre comment les nappes sont alimentées, ce qui permet un meilleur contrôle des prélèvements.

Rivière en sous-sol L'eau souterraine travaille parfois activement, surtout dans les roches calcaires. Elle dissout la roche,

Dans le karst

L'eau de pluie, souvent un peu acide, dissout facilement le calcaire. En s'infiltrant dans le sous-sol, elle agrandit peu à peu les fissures et les transforme en crevasses puis en galeries. Des cavités apparaissent et s'agrandissent au fur et à mesure de la dissolution des parois et de l'écroulement des plafonds. L'eau creuse ainsi des réseaux de galeries souterraines où coulent de véritables rivières. Des lacs occupent de grandes salles plongées dans l'obscurité. Dans ce type de sous-sol, appelé « karst », l'eau se déplace rapidement. Quelques heures après une forte pluie, le débit d'une source peut augmenter brutalement.

1

L'eau bâtisseuse

Dans les karsts, l'eau creuse mais elle construit aussi ! L'eau qui circule dans les fissures est chargée de calcaire dissous qu'elle dépose lorsqu'elle émerge de la roche. Au plafond des grottes, des stalactites et des draperies aux formes très diverses se forment lentement tandis que les gouttes qui tombent au sol des cavernes construisent des stalagmites. Ces dépôts de calcaire sont favorisés par l'action des bactéries qui vivent sur les parois humides. La croissance des stalactites peut atteindre 1 millimètre par an ! Le même phénomène se produit dans les sources pétrifiantes, lors de la sortie de terre d'une eau riche en sels minéraux. Les objets plongés dans ces sources sont rapidement recouverts d'une mince pellicule de pierre.

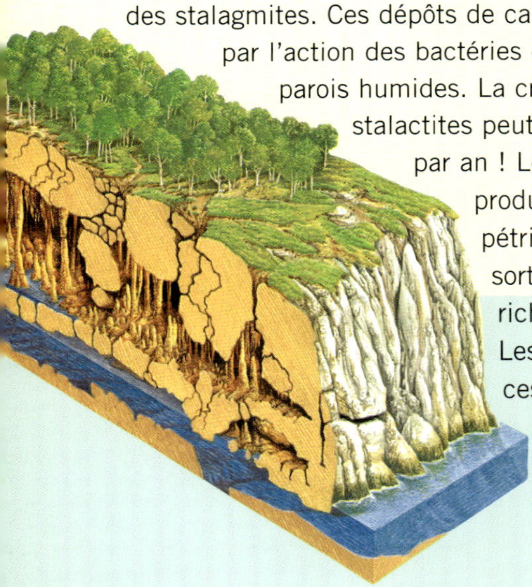

1. Concrétions en draperies dans les grottes du Lot.
3. Entrée de la grotte de Réveillon, dans le Lot.
L'exploration des grottes est une activité passionnante qui demande une bonne forme physique. Elle doit être pratiquée dans le cadre d'un club spécialisé.

Galeries records

Le réseau de la grotte du Mammouth, aux États-Unis, s'étend sur plus de 500 km de galeries ! Dans les Alpes de Haute-Savoie, plusieurs galeries s'enfoncent jusqu'à plus de 1600 m de profondeur. La salle de la Verna, dans les Pyrénées, est la plus grande cavité de France. Sa surface équivaut à celle du stade de France et elle est cinq fois plus haute !

creuse des cavernes et forme des lacs où nagent des crevettes et des poissons aveugles, plongés dans une nuit sans fin.

Vie sans soleil

Les cavernes souterraines abritent une faune originale, adaptée à des conditions difficiles. En l'absence de lumière, aucune plante verte ne peut pousser ; la seule nourriture de ces animaux est faite des débris organiques que les eaux d'infiltration entraînent depuis la surface du sol. De petits insectes et des crustacés s'en contentent. Certaines grottes abritent aussi des poissons qui se nourrissent de ces petits animaux. La vie dans ces cavernes obscures nécessite des adaptations particulières. Plusieurs espèces sont aveugles et entièrement blanches, ce qui leur évite de dépenser de l'énergie à fabriquer des yeux ou des pigments pour se protéger du soleil. Du fait de la rareté des ressources alimentaires, elles ont souvent un rythme de vie très lent.

2. Le protée est un amphibien aveugle. Il vit exclusivement dans les rivières souterraines des karsts des Balkans.

4. Concrétions et stalactites de calcite et d'aragonite. L'eau est si chargée en calcaire qu'elle dépose des cristaux.

Spéléologie

Les spéléologues explorent et étudient les cavités souterraines. Ils utilisent des techniques et du matériel faisant appel à la fois à l'alpinisme et à la plongée. En effet, il faut parfois escalader des parois de plusieurs centaines de mètres et franchir des siphons remplis d'eau, ou de profonds lacs souterrains. De nombreux clubs de spéléologie permettent de découvrir les milliers de cavités naturelles qui parsèment le territoire français.

Eaux chaudes Les sources ne produisent pas toujours une onde claire et fraîche. Elles font parfois jaillir une eau brûlante

Le feu des volcans

L'eau des sources jaillit souvent à 10 ou 15 °C, la température qui règne dans le sous-sol à faible profondeur. Or, cette température augmente en profondeur, d'environ 3 °C par 100 m, et plus encore dans les régions volcaniques. L'eau circulant dans le sous-sol se réchauffe au contact des roches brûlantes et remonte rapidement vers la surface, où elle jaillit, sous forme de sources ou de geysers. Dans le Massif central, les dernières éruptions volcaniques se sont produites il y a 8 000 ans, mais les roches profondes sont encore très chaudes. Cela explique la présence de sources à haute température. Dans l'Antiquité, elles alimentaient déjà les piscines des thermes.

L'énergie des profondeurs

La géothermie est une technique de récupération de l'énergie produite par les roches en fusion situées dans le noyau de notre planète. La géothermie à haute énergie utilise l'eau sous forme de vapeur. En profondeur, la température de l'eau peut dépasser 300 °C. Si on la laisse remonter rapidement dans des canalisations, elle arrive à la surface sous forme de vapeur et peut actionner des turbines, produisant ainsi de l'électricité. La géothermie à basse énergie consiste à utiliser de l'eau plus froide (moins de 100 °C), pour le chauffage et la production d'eau chaude domestique.

1

2

1. et 2. En Islande, le Strokkur est un geyser qui expulse toutes les dix minutes ses eaux surchauffées par le magma.

Énergie renouvelable

La géothermie est une énergie renouvelable puisqu'elle utilise la chaleur produite par la Terre elle-même. La géothermie à haute énergie est accessible dans de nombreux pays où le volcanisme est actif, par exemple tout autour de l'océan Pacifique (Japon, Mexique...) ou en Islande. En France, seule la Guadeloupe utilise ce type d'énergie. La géothermie à basse énergie est plus répandue mais les sites potentiels sont loin d'être tous exploités.

et trouble, enrichie en gaz et en sels minéraux au contact des volcans souterrains plus ou moins endormis.

Les bactéries du chaud

Les sources chaudes sont un milieu en apparence très inhospitalier. Elles hébergent pourtant une faune et une flore adaptées aux hautes températures. Certains poissons vivent dans une eau à 44 °C, brûlante pour nous ! Il existe aussi des algues qui supportent une température de 56 °C et des bactéries qui résistent à 85 °C. Ces bactéries « thermophiles » (qui aiment la chaleur) intéressent beaucoup les industriels, car à haute température, leur activité est bien plus importante que celle des bactéries banales. Elles commencent à être utilisées pour l'élimination des ordures ménagères ou des déchets industriels.

3. L'eau des sources chaudes est très concentrée en sels minéraux qui se déposent en formant des sulfures et des carbonates aux couleurs variées.

4. En Islande, la géothermie assure le chauffage des piscines, des serres et de 80 % des logements. Elle produit aussi une partie de l'électricité du pays.

3 4

De source ou minérale ?

Les eaux réchauffées en profondeur se chargent en sels minéraux dissous. Les sources et les captages profonds fournissent des « eaux minérales » qui sont appréciées depuis des siècles comme eaux de table ou pour des cures « thermales ». Des gaz dissous (du CO_2 par exemple) rendent parfois l'eau pétillante. Certaines eaux sont si riches en sels minéraux qu'elles sont réservées à des usages thérapeutiques. Il est même déconseillé de les boire tous les jours.

Quant aux eaux « de source », ce sont des eaux naturellement potables, mais leur composition en sels minéraux est plus faible et plus variable que celle des eaux minérales

Pollutions souterraines Les nappes d'eau souterraines ne sont pas à l'abri de nos déchets. L'eau est un excellent solvant

Filtre de terre

Le sol reçoit quotidiennement toutes sortes d'éléments comme les engrais agricoles, qui sont absorbés par les racines des plantes, ou les pesticides destinés à éliminer insectes ravageurs et mauvaises herbes. Il se produit aussi des accidents au cours desquels des substances toxiques se répandent sur le sol. La couche superficielle de terre joue un important rôle de filtre. Un gramme de terre peut en effet contenir plusieurs milliards de bactéries capables d'éliminer toutes sortes de composés. Certaines bactéries transforment ainsi les nitrates en azote atmosphérique, un gaz parfaitement inoffensif. Des plantes et des bactéries jouent également un rôle dépolluant en fixant sur place certains métaux lourds toxiques, comme le plomb ou le cadmium.

1. Les plantes puisent par leurs racines l'eau du sol ainsi que les sels minéraux et les éventuels polluants qu'elle contient.

Pollutions de longue durée

Lorsque les polluants sont trop abondants, ils parviennent à franchir la barrière du sol et sont entraînés en profondeur par les eaux de pluie. Ils peuvent alors atteindre les nappes souterraines. Or, à ce niveau, les possibilités d'épuration sont beaucoup plus faibles. Les éventuelles bactéries encore présentes manquent d'oxygène pour pouvoir travailler. La seule solution reste le pompage de l'eau mais il est en fait impossible de barrer complètement la route aux polluants. C'est ainsi que de nombreux sites de production d'eau potable sont contaminés par des pesticides ou des hydrocarbures. Dans les roches fissurées, l'eau n'est pas filtrée et le risque de pollution est bien plus important. Ainsi, l'eau sortant des massifs calcaires n'est en général pas potable.

2. Comme les insectes et les mauvaises herbes deviennent résistants aux pesticides, l'industrie chimique met régulièrement au point de nouvelles molécules dont une partie parvient dans les nappes souterraines.

qui entraîne en profondeur tout ce que nous déposons sur le sol. Comment se débarrasser de ces polluants ?

Indésirables nitrates

Dans de nombreuses régions, les nitrates polluent les nappes au point de rendre l'eau non potable. Ces nitrates proviennent notamment du lisier – ou déjections – des porcs élevés industriellement et des engrais chimiques. En Bretagne, où l'élevage des porcs est important, ce lisier est répandu dans les champs pour servir d'engrais. Mais les plantes ne peuvent absorber tous les nitrates si bien que le surplus, entraîné par les eaux de pluie, rejoint la nappe phréatique.
Comme l'eau s'écoule très lentement dans ces nappes, la pollution perdure longtemps, même si la source de pollution est stoppée. Malheureusement les épandages incontrôlés se poursuivent et la pollution des nappes risque d'augmenter encore dans les années à venir.

3. La Bretagne assure 60 % de la production de porcs et 40 % de la production des volailles, mais elle ne représente que 6 % des terres agricoles françaises. Cette surface ne suffit pas à absorber l'ensemble des déchets provenant des élevages.

3

Abus de nettoyage
Ce que tu renverses sur le sol se retrouve tôt ou tard dans l'eau des nappes phréatiques ou des rivières. Laver une voiture ou la vidanger sur la terre revient à jeter directement dans l'eau les produits de nettoyage ou l'huile de moteur. Seule différence, la pollution du sol est bien plus longue et difficile à éliminer ! Aussi, limite la quantité d'eau et utilise le moins de détergents possible !

Neiges et glaces Depuis deux millions d'années, la terre a subi plusieurs périodes glaciaires entrecoupées d'épisodes de

Glaces de montagnes

En montagne, à partir d'une certaine altitude, la neige ne fond pas d'une année sur l'autre. Elle se tasse sous son propre poids et chasse l'air qui était présent entre ses flocons. Elle se transforme alors en neige compacte et dure, le névé, puis en glace. Lorsque le glacier déborde de la zone où il s'accumule, il produit une langue glaciaire qui descend dans une vallée, comme un fleuve qui avance de quelques dizaines à quelques centaines de mètres par an. À plus basse altitude, la glace fond et donne naissance à un torrent qui coule sous le glacier. Si le climat se radoucit, le glacier est moins alimenté et son front recule vers le haut de la montagne.

1

2

Calottes glaciaires

Dans les régions polaires, les glaciers s'étendent sur des surfaces bien plus importantes que dans les montagnes. Ils renferment en effet 97 % de la glace du monde. Au centre du Groenland, la calotte atteint 3 000 m d'épaisseur. Les glaciers avancent à une vitesse élevée, jusqu'à 1 200 m par an et s'écoulent jusqu'à la mer où ils se disloquent en énormes blocs de glace, les icebergs. On a imaginé utiliser ces énormes réserves d'eau douce pour alimenter les régions désertiques. Cela n'a jamais pu être mis en œuvre, le coût de l'opération dépassant largement le prix de l'eau, pourtant déjà élevé dans les pays arides.

Boule de neige

Depuis un siècle, la surface des glaciers de montagne a diminué partout dans le monde. C'est un des signes du réchauffement actuel du climat. Ce phénomène pourrait d'ailleurs être accéléré par la fonte des glaces. En effet la neige et les glaciers constituent des miroirs pour le rayonnement solaire. Plus ils sont étendus, plus ils renvoient d'énergie vers l'espace et plus la Terre se refroidit. Au contraire, une diminution de leur surface augmente la quantité d'énergie reçue par la Terre, ce qui provoque un réchauffement. Bref, c'est un effet « boule de neige » : plus la terre se réchauffe, plus les glaciers fondent et plus ils fondent, plus notre planète se réchauffe.

3

1. La chaîne du Mont-Blanc.

2. Calotte polaire du Groenland.

3. Le lièvre variable et l'androsace alpine, deux espèces de la haute montagne.

4. Analyse d'une carotte de glace.

réchauffement. Les fleuves de glace des montagnes et des pôles jouent un rôle essentiel dans ces variations climatiques.

Recul des glaciers

Dans les Alpes, les langues des glaciers ont reculé de plusieurs centaines de mètres depuis un siècle. Ce phénomène est dû au réchauffement général de la planète. La hausse moyenne de la température a été d'environ 0,6 °C au XXe siècle mais elle a atteint 1,5 °C dans les Alpes. Cette variation, en apparence faible, a suffi pour faire perdre aux glaciers alpins la moitié de leur volume de glace.

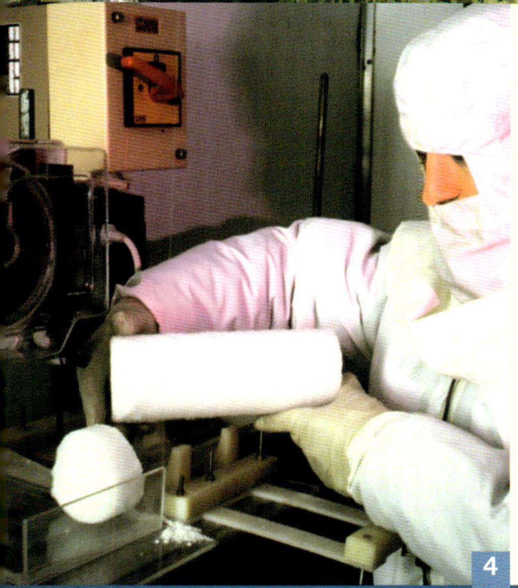

Témoins du climat

L'étude de la glace apporte des informations précieuses sur le passé climatique de la Terre, particulièrement aux pôles où les calottes de glace sont très épaisses. Or, plus la glace est située en profondeur, plus elle est ancienne. Les bulles d'air qu'elle contient et qui ont été piégées au moment de sa formation ont emprisonné un peu de l'atmosphère qui régnait à l'époque. Les scientifiques prélèvent donc en profondeur des échantillons de glace et analysent l'air de ces bulles. Ils ont ainsi pu estimer les variations de la température de la Terre depuis plus de 200 000 ans et relier ces changements aux variations de composition de l'atmosphère. Ces études permettent de mieux comprendre les variations actuelles du climat.

4
5

5. Les icebergs sont constitués d'eau douce. Dans l'Antarctique, ils forment parfois de gigantesques plates-formes, bien plus épaisses que la banquise. La banquise est de la glace de mer, dont l'épaisseur ne dépasse pas 3 mètres.

Avis de perturbations La planète bleue perd ses vives couleurs. De l'espace, on pourrait voir les immenses nuages de

Pluies polluées

Au cours du XXe siècle, les activités humaines ont pris une telle ampleur qu'elles agissent sur l'environnement global de notre planète. L'utilisation de charbon ou de fuel, riche en soufre, a ainsi provoqué une forte acidification des pluies en Europe du Nord et au Canada, puis, aujourd'hui, en Inde et en Chine. Ces pluies acides sont très néfastes pour les forêts de conifères et pour la vie animale des lacs. Les hommes provoquent également des modifications régionales du climat en détruisant des forêts : dans les régions tropicales, la déforestation entraîne une baisse sensible des précipitations, ce qui, en retour, rend plus difficile le reboisement !

Réchauffement planétaire

Depuis plus d'un siècle, l'atmosphère de la Terre se réchauffe rapidement. Il est difficile de déterminer la part due à des variations naturelles dans ce changement, mais la plupart des scientifiques sont convaincus que les hommes en sont les principaux responsables.
La consommation de pétrole et de charbon rejette dans l'atmosphère d'énormes quantités de dioxyde de carbone (CO_2). Ce gaz a la propriété d'empêcher la Terre de renvoyer vers l'espace les rayonnements qu'elle reçoit du soleil. Ce mécanisme naturel est appelé « effet de serre ». Les rejets massifs de CO_2 accentuent l'effet de serre et provoquent une hausse de la température de l'atmosphère. L'augmentation moyenne de la température pourrait atteindre 2 à 6 °C à la fin du siècle, selon que les émissions de CO_2 seront réduites ou non.

1.et 2. Les sapins et les autres conifères sont particulièrement sensibles aux pluies acides. Leurs aiguilles jaunissent puis elles tombent et les arbres affaiblis finissent par mourir.

Mobilisation internationale

La prévision de changement climatique global concerne tous les pays, ceux qui émettent le plus de CO_2 comme ceux qui risquent de subir les plus forts dommages. La Convention sur les changements climatiques prévoit de réduire les émissions de CO_2, mais tous les pays n'ont pas signé, notamment les États-Unis, le plus gros producteur de gaz à effet de serre.

pollution qui couvrent une partie de l'Asie et assister à la lente submersion des côtes due à la montée du niveau de la mer.

Prévision de gros temps

Le réchauffement provoquera un gonflement des océans, par effet de dilatation à la chaleur. Leur niveau s'élèvera, entre 20 et 95 cm selon les hypothèses. Les terres les plus basses seront submergées et les inondations dues aux crues annuelles des grands fleuves seront plus violentes qu'aujourd'hui. Le climat global sera modifié, mais il est très difficile de prévoir les variations au niveau régional. Certains pays deviendront plus chauds et d'autres au contraire plus froids. Le cycle de l'eau sera touché, les pays arides devenant encore plus secs.
Les climatologues prévoient aussi une augmentation de la fréquence d'événements extrêmes : tornades, sécheresses prolongées, crues.
Les conséquences économiques et sociales seront très importantes, surtout dans les pays pauvres qui auront plus de difficultés pour s'adapter à ces bouleversements.

3. Les prévisions climatiques à long terme reposent sur une modélisation de la planète. Cela consiste à traduire en termes mathématiques les relations entre les océans et l'atmosphère. Il faut aussi tenir compte des activités industrielles et des transports.

3

Responsabilité collective

Même si une grande partie des émissions de CO_2 dépend des activités de l'humanité tout entière, chacun de nous peut agir afin de réduire les émissions de gaz polluants. Il s'agit de changer certains comportements qui entraînent un gaspillage de l'énergie et toujours plus de CO_2 dans l'atmosphère. La plupart des déplacements quotidiens en voiture se font sur des trajets de moins de 2 km, alors qu'ils pourraient être effectués à pied, à vélo ou en bus. Une meilleure isolation des logements et des bureaux permettrait d'économiser le chauffage, source de pollution.

Eaux des villes

L'eau douce est omniprésente dans notre vie quotidienne. C'est un fluide vital pour notre corps, une source de plaisir et aussi un élément très utile. Hélas, chaque fois que nous nous en servons, nous la salissons. Dans les villes, une bonne gestion de l'eau doit permettre de concilier la satisfaction de nos besoins avec la protection de l'environnement.

L'eau potable Quoi de plus banal qu'un robinet d'eau qui coule ? La distribution générale d'eau potable est pourtant

Incolore, inodore et sans saveur...

Ce sont les qualités d'une eau potable, du moins celles que nous pouvons percevoir. D'après les normes internationales, une eau potable ne doit comporter ni substances toxiques ni microbes dangereux. L'eau contient des sels minéraux dissous mais aussi des quantités infimes des nombreux produits chimiques répandus dans la nature. Leurs concentrations doivent être inférieures à des valeurs-seuils déterminées en fonction du risque qu'elles présentent pour la santé. En France, la loi impose de vérifier une cinquantaine de critères pour déterminer si une eau est potable ou non.

Deux ou trois sources

60 % de notre eau potable provient des nappes souterraines, le reste étant puisé dans les rivières et les fleuves. On choisit en général les eaux les plus accessibles et les moins polluées. L'eau est traitée pour devenir buvable, puis elle est distribuée à tous les consommateurs. Toutes ces opérations sont menées par les communes ou par des entreprises privées. Les océans pourraient constituer une troisième source d'eau potable, pratiquement inépuisable : il est en effet possible de désaliniser l'eau de mer, mais cette technique est très coûteuse. Seuls des pays riches et dramatiquement dépourvus d'eau douce, comme l'Arabie saoudite, utilisent ce mode d'approvisionnement, surtout pour l'irrigation.

Eaux dangereuses

L'eau est très mal répartie. Certains pays en manquent, d'autres en ont en abondance, sans qu'elle soit toujours consommable, car la production d'eau potable coûte cher. Selon l'Organisation mondiale de la santé, une personne sur quatre n'a pas accès à l'eau potable. Dans les pays pauvres, les eaux polluées transportent les microbes du choléra ou de la fièvre typhoïde, qui tuent chaque année des millions de personnes.

1. En France, l'eau du robinet est la plupart du temps parfaitement potable, mais elle contient parfois trop de nitrates : elle est alors interdite à la consommation.

Consommer n'est pas détruire

L'eau que l'on boit est rapidement restituée à l'environnement sous forme d'urine, de sueur ou de vapeur d'eau. De même, l'eau utilisée pour les lavages n'est pas perdue, mais seulement salie. L'irrigation des cultures ne fait que détourner l'eau des rivières vers les plantes et finalement dans l'atmosphère.
Consommer de l'eau, cela signifie simplement la déplacer ou la polluer. Ce n'est pas une destruction, mais une utilisation qui la rend le plus souvent impropre à d'autres emplois.

2 3

2. La qualité de l'eau du robinet est régulièrement contrôlée en laboratoire.

3. 250 millions de personnes vivant dans les pays les plus secs n'ont pas le minimum vital: 1000 m³ d'eau par an et par personne.

Des normes strictes

Voici quelques uns des nombreux critères qui définissent une eau potable.

nitrates : moins de 50 mg/litre
pesticides : moins de 0,5 µg / litre pour l'ensemble des pesticides
plomb : moins de 50 µg/l , mais la norme devrait descendre à 10 µg/l avant 2013

L'eau contient souvent du calcium, mais il n'y a pas de norme stricte car ce n'est pas un élément nocif aux concentrations habituelles. Le chlore qui est utilisé pour désinfecter les canalisations donne parfois un goût désagréable à l'eau mais elle reste parfaitement potable

1 µg / litre représente 1 microgramme par litre, soit 1 millionième de gramme par litre.

L'eau dans le corps est aussi indispensable à notre corps que l'air que nous respirons. Nous en avons besoin tous les jours,

Pertes d'eau

Sans même le sentir, nous perdons beaucoup d'eau par la transpiration. L'évaporation de la sueur refroidit le corps ce qui permet de garder constante sa température (à 37 °C). En cas d'effort intense en atmosphère chaude et sèche, la transpiration peut atteindre 10 litres par jour ! Nous perdons aussi de l'eau par la respiration car l'air expiré est en général plus humide que l'atmosphère. Les reins filtrent le sang et évacuent les déchets provenant de l'activité de nos cellules, par exemple l'urée. L'urine produite s'accumule dans la vessie. Elle est plus ou moins concentrée en fonction de l'eau disponible, mais les reins fonctionnent mieux si l'on boit beaucoup.

1

2

La soif

À l'intérieur du corps, divers capteurs signalent au cerveau un manque d'eau. Des cellules du cœur sont sensibles à une baisse de la pression sanguine, ce qui se produit si le volume de sang diminue. D'autres capteurs sont sensibles à la hausse de la concentration des sels minéraux dans les liquides du corps (par exemple si l'on a mangé très salé). Ce besoin en eau provoque une sensation de soif. En même temps, la gorge devient sèche du fait de la diminution de la production de salive. Dès que l'on boit, la muqueuse de la bouche informe le cerveau de l'arrivée d'eau et la soif disparaît.

1 et 2. On peut survivre plus d'un mois sans manger, mais pas plus de deux ou trois jours sans eau.

L'eau de la vie

Nous consommons en moyenne 2,5 litres d'eau par jour, dont 1 litre provient des boissons et le reste de la nourriture. Nous produisons aussi un peu d'eau à partir des graisses ou des sucres des aliments, mais en quantité insuffisante pour tous nos besoins.
Comme les aliments, l'eau bue passe dans l'estomac puis dans l'intestin dont elle traverse la paroi, circule dans les vaisseaux sanguins, et alimente tous les organes, du cerveau aux doigts de pied. Elle se répartit finalement dans le sang, et à l'intérieur même des cellules, où se produisent des réactions chimiques.

et en grandes quantités. Même en restant allongé et immobile, nous consommons de l'eau.

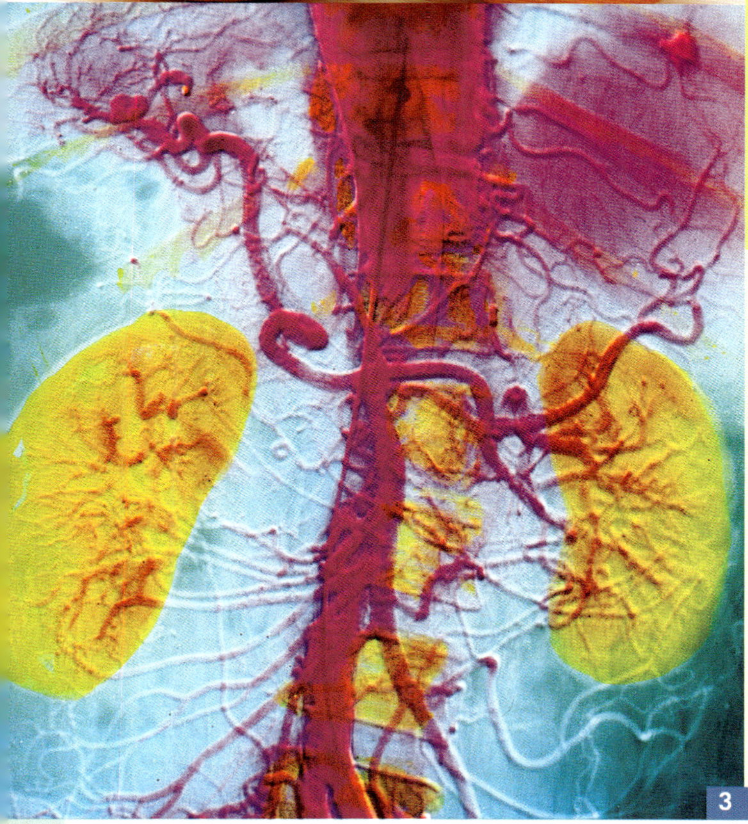

3 4

Avant la soif !

Les activités sportives provoquent d'importantes pertes d'eau par transpiration, mais la sensation de soif n'intervient que lorsque l'eau commence à manquer. Cela peut provoquer des crampes ou des inflammations des tendons.
Les sportifs savent qu'il faut boire tout au long de l'effort, sans attendre d'avoir vraiment soif.

3. Les reins sont abondamment irrigués par les vaisseaux sanguins.

Deux filtres surpuissants

Les reins filtrent plus d'un litre de sang par minute et produisent environ 180 l d'urine diluée par jour. La plus grande partie de l'eau est réabsorbée et repasse dans le sang. Le sang est ainsi filtré près de 60 fois par jour !

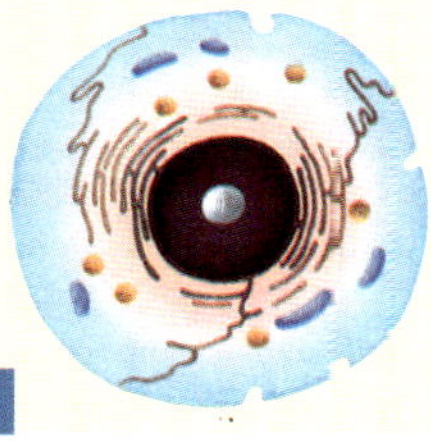

4. Chaque cellule du corps contient une quantité d'eau précise, indispensable à son bon fonctionnement.

Tous les êtres vivants contiennent de l'eau

Méduse :	95%
Pomme :	85%
Homme :	70 %

L'eau dans 100 g de :

viande :	70 g
pomme de terre frite :	67 g
salade :	96 g
fromage :	55 g
pain :	37 g
beurre :	14 g

Le corps d'un enfant de 10 ans comporte en moyenne 20 à 25 litres d'eau. Depuis sa naissance, il en a bu plus de 5 tonnes (eau des boissons et contenue dans la nourriture).
Un être humain boit entre 1 et 10 litres d'eau par jour. Les quantités varient selon sa taille, la température extérieure et ses activités physiques.
La déshydratation est un phénomène grave qui se produit lorsque les pertes d'eau dépassent 15 % du poids du corps. Les nourrissons y sont particulièrement sensibles. Cela peut se produire en cas de diarrhées importantes.

L'eau dans la maison

Sans eau courante, comment faire la cuisine ? Comment se laver ? Comment arroser les plantes

Bonne à tout faire

Il faut de l'eau pour la cuisine, pour la toilette, pour les chasses d'eau et encore de l'eau pour laver la vaisselle, le linge, la maison... Au total, chacun d'entre nous consomme en moyenne 100 à 150 litres par jour. Après utilisation, l'eau est rejetée à l'extérieur par des tuyaux d'évacuation et rejoint les égouts. Ces eaux usées sont polluées de multiples façons : matières fécales, détergents, déchets alimentaires, eau de javel, savon... Ces polluants « normaux » sont traités dans les stations d'épuration. Mais certaines personnes déversent parfois dans l'évier des substances dangereuses, comme le white-spirit, l'huile de vidange ou des médicaments qui devraient être apportés à une déchetterie.

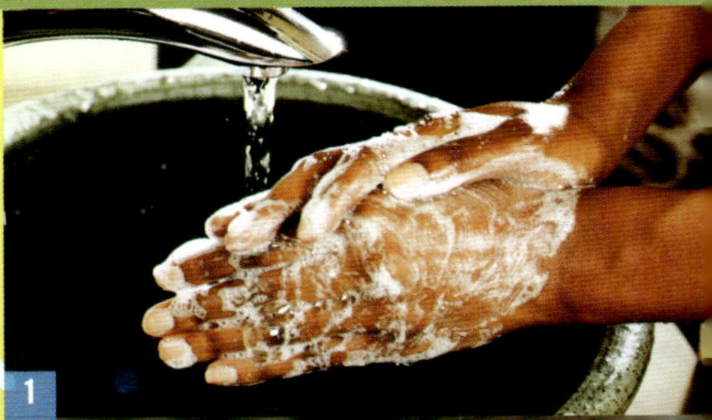

1

2

Modernité

Il suffit de quelques litres d'eau pour se laver entièrement avec une bassine et un gant de toilette. Une douche consomme 10 fois plus d'eau et un bain 50 à 100 fois plus ! Le confort moderne a multiplé la consommation d'eau (surtout depuis l'invention des chauffe-eau !). Les machines à laver le linge ou la vaisselle consomment ainsi bien plus d'eau que lorsque ces tâches sont effectuées à la main. Les fabricants proposent aujourd'hui des machines plus économes. L'eau devenant rare et chère, il est essentiel d'éviter les gaspillages.

1 et 2. Avec de l'eau potable au robinet, il est devenu facile d'observer les gestes d'hygiène.

3. Les habitations sont reliées par plusieurs réseaux superposés qui permettent l'alimentation en eau potable et l'évacuation des eaux usées, sans oublier l'électricité, le gaz et le téléphone.

Consommations moyennes quotidiennes

Douche : 40 à 80 litres
Bain : 150 à 200 litres
Chasse d'eau : 6 à 12 litres
Vaisselle à la main : 10 à 12 litres
Lave-vaisselle : 20 à 40 litres
Lave-linge : 70 à 150 litres
Lavage de la voiture : 200 litres
Arrosage du jardin : 15 à 20 litres par m^2

vertes ? Avec éviers et lavabos, notre vie est bien plus simple. Alors nous en profitons et nous ouvrons largement les robinets...

Eau contre microbes

L'amélioration de la santé publique doit beaucoup aux progrès de la médecine, mais on oublie souvent un autre élément, peut-être encore plus important : les principes élémentaires d'hygiène ! La simple action de se laver les mains après être allé aux toilettes ou avant les repas permet d'éviter de nombreuses maladies. Nous portons en effet sans nous en rendre compte de nombreux microbes sur notre peau. Lors des repas, nous risquons de les ingérer si nos mains sont sales. Autrefois, les amibes et les vers responsables de troubles intestinaux étaient très courants et se transmettaient facilement d'une personne à l'autre. Dans les pays dépourvus d'eau courante, ces maladies sont toujours présentes.

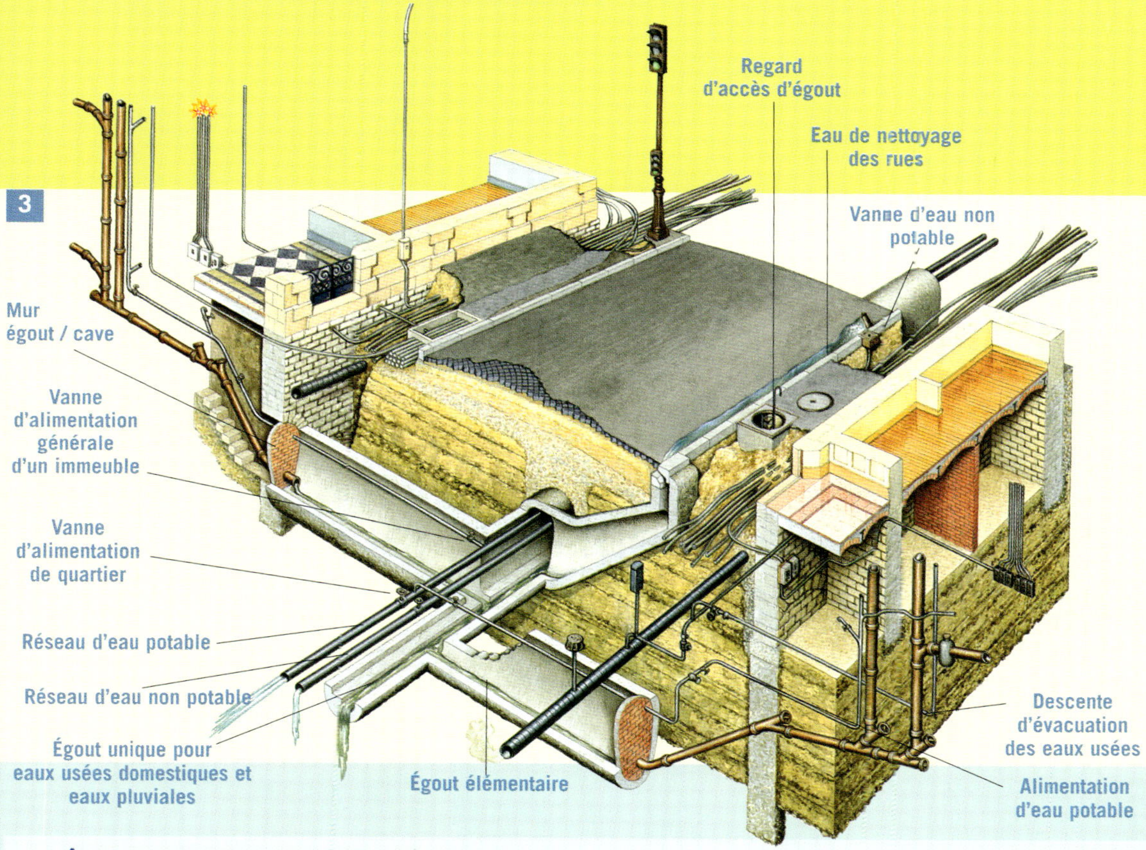

Inégalités

Dans l'ensemble du monde, on estime la consommation domestique d'eau à 40 litres par jour et par personne. En fait, c'est une moyenne qui recouvre des réalités quotidiennes bien différentes : en France, une famille de quatre personnes consomme chaque jour 400 litres d'eau alors qu'une famille de paysans maliens ne dispose que de 40 litres d'eau.

Anti-gaspi

La disponibilité de l'eau incite à consommer plus. S'il fallait aller chercher l'eau à la fontaine et la porter, chacun ferait plus attention à l'économiser ! En laissant le robinet ouvert pendant que tu te brosses les dents, tu gaspilles 10 litres d'eau. Vérifie qu'il n'y a pas de fuites dans la maison : un robinet qui goutte peut perdre 1 000 litres par an !

L'eau dans la ville

L'eau n'est pas seulement un élement indispensable à notre vie quotidienne. Avec ses cascades et

Jets d'eau et jeux d'eau

Les villes consomment de l'eau pour le lavage des rues, les hôpitaux, l'arrosage des jardins publics ou la lutte contre les incendies. Une école, par exemple, utilise en moyenne 100 litres d'eau par élève chaque jour.
Les piscines et les parcs aquatiques demandent aussi d'énormes quantités d'eau. Les cascades et les jets d'eau contribuent au charme des rues et des parcs. Les fontaines et les murs d'eau qui décorent les galeries des centres commerciaux les rendent plus accueillantes. Même s'ils sont artificiels, les lacs urbains envahis de plantes aquatiques nous donnent l'agréable illusion de trouver un peu de nature sauvage au cœur des villes.

Une pollution très riche !

Le goudron et le béton rendent le sol imperméable. L'eau de pluie ruisselle sur les toits et les chaussées et s'engouffre dans les bouches d'égout, rejoignant les eaux de lavage des trottoirs et des marchés. Tout cela crée un mélange polluant particulier, qui contient du zinc et du plomb provenant des toitures, des suies projetées par les pots d'échappement, des poussières de pneus, des crottes de chiens, des vieux papiers, etc. Ces eaux usées sont finalement aussi polluées que celles qui proviennent des habitations, et sont souvent plus difficiles à dépolluer à cause de leur teneur en métaux lourds.

1 2

1. Les fontaines contribuent au charme des villes, mais n'en sont pas moins un luxe.

2. Établissement thermal de Bains-les-Bains (Vosges). Les thermes offrent leurs eaux froides ou chaudes depuis l'Antiquité.

Les gourmands

La consommation collective d'eau potable par les villes s'ajoute à notre consommation individuelle. La France utilise environ 6 milliards de m^3 d'eau potable par an, soit près de 300 litres par jour et par personne. La consommation des Anglais et des Espagnols est similaire à la nôtre. Certains pays sont bien plus gourmands en eau potable, comme les États-Unis, avec 670 litres par personne et par jour ou le Canada, avec plus de 880 litres.

ses fontaines, ses piscines et ses spectacles aquatiques, la ville nous offre l'eau… simplement pour le plaisir.

Un gaspillage inévitable

Il paraît absurde de produire d'énormes quantités d'eau potable : elle devrait être réservée à la boisson et à la cuisine, n'étant ni essentielle pour la toilette ni utile pour la chasse d'eau ! On a donc imaginé de construire deux réseaux distincts, l'un pour l'eau potable et l'autre pour une eau de moins bonne qualité. Mais ce double système de distribution coûterait deux fois plus cher. De plus, à la moindre fuite, le réseau d'eau potable risquerait d'être contaminé. Des aménagements simples permettraient pourtant de diminuer notre consommation. Ainsi, l'eau de récupération des douches, une fois traitée, adaptée, pourrait alimenter les chasses d'eau ou servir à l'arrosage.

3
4

3. L'eau potable des fontaines Wallace parisiennes.

4. Les eaux usées des Parisiens ne sont plus directement jetées dans la Seine. Sous les ponts de Paris, on peut compter aujourd'hui plus d'une vingtaine d'espèces de poissons.

Un jardin économe

Au jardin, il y a bien des façons d'économiser l'eau. Une citerne placée sous la gouttière permet de récupérer l'eau de pluie pour l'arrosage. On peut aussi limiter les pertes d'eau avec un tuyau percé de petits trous pour alimenter les plantes en goutte à goutte. Il vaut mieux arroser le soir afin de réduire l'évaporation, qui est plus forte durant la journée. Les bons jardiniers savent aussi qu'un binage vaut deux arrosages : autrement dit, il faut éliminer les mauvaises herbes qui consomment une grande partie de l'eau des arrosages.

Transporter l'eau

La plupart des villes sont nées et se sont développées le long d'un cours d'eau. Aujourd'hui, elles

Aqueducs et châteaux

L'eau pompée dans les nappes souterraines ou les rivières est d'abord acheminée aux centres de production d'eau potable où elle est purifiée avant d'être distribuée aux consommateurs. En France, ce réseau compte 800 000 km de conduites, l'équivalent de 20 fois le tour de la Terre ! Des aqueducs et des tunnels permettent à l'eau de franchir les vallées et les montagnes, avec l'aide de multiples pompes. Enfin, l'eau doit être sous pression pour parvenir aux robinets des étages les plus élevés avec un débit suffisant. Il est donc nécessaire de la stocker dans des réservoirs en hauteur tels les châteaux d'eau.

1. Château d'eau.

Double transport

Certaines villes possèdent des nappes souterraines. C'est le cas de Paris, mais cette eau est très insuffisante pour ses besoins. Une grande partie de l'eau provient donc de la Seine et de la Marne mais aussi de sources situées à plus de 150 km de distance. La Seine ne peut plus être utilisée pour le déversement direct des eaux usées. Celles-ci sont acheminées hors de la capitale, jusqu'aux stations d'épuration où elles sont traitées. Ces opérations nécessitent deux réseaux distincts, l'un pour la distribution d'eau potable, l'autre pour l'évacuation des eaux usées.

2

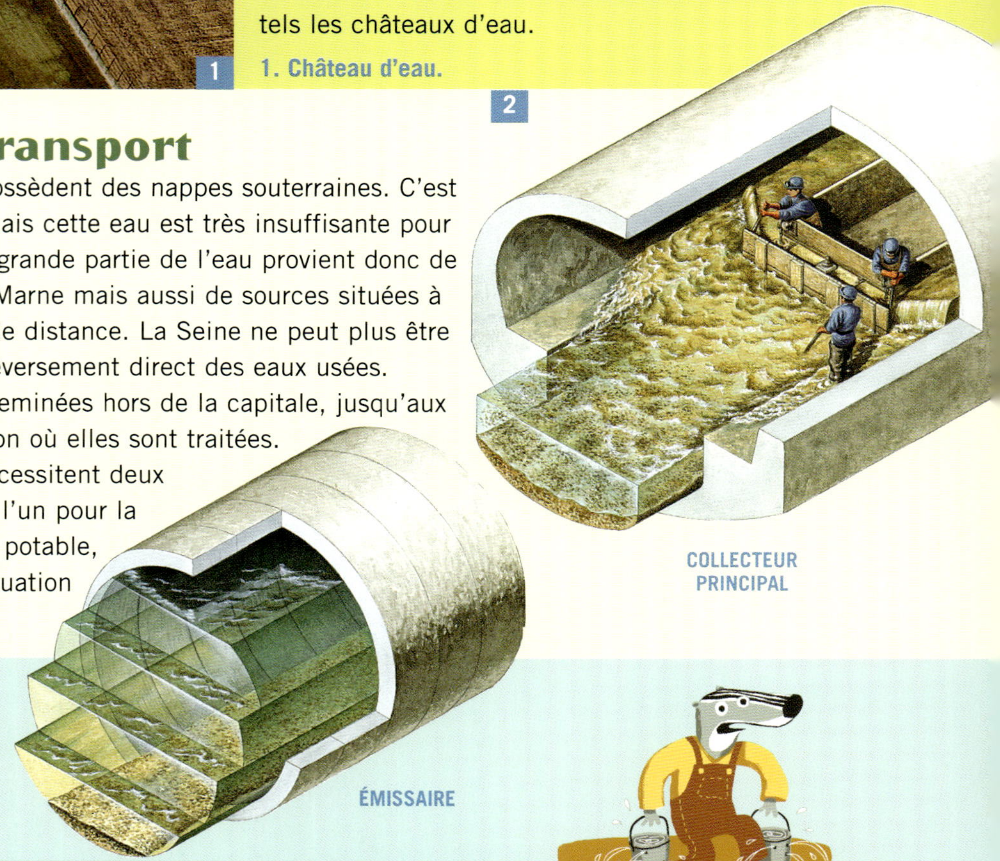

Pertes cachées

Les milliers de kilomètres de tuyaux ne sont pas complètement étanches. Les pertes d'eau sur l'ensemble du réseau atteignent près d'un tiers de la consommation globale ! C'est un gaspillage important, surtout s'il se produit dans les tuyaux d'eau potable. Quant aux fuites au niveau de la collecte des eaux usées, elles sont responsables d'une importante pollution des sols. Si tu découvres une fuite suspecte, n'hésite pas à prévenir tes parents ou la mairie de ta commune.

doivent s'approvisionner et rejeter leurs eaux usées en dehors de leur périmètre. Double contrainte... et double transport de l'eau !

Les égouts

La plupart des logements sont reliés à un réseau de collecte des eaux usées appelé communément le « tout-à-l'égout ». En France, ce réseau d'évacuation très développé mesure au total 246 000 km de long. Il existe en fait deux types de réseaux. Le plus ancien et le plus simple reçoit à la fois les eaux usées et les eaux pluviales. Cependant, en cas de forte pluie, il est saturé et l'eau en excès est rejetée dans la nature sans être traitée, ce qui peut provoquer de fortes pollutions. Il existe aussi des réseaux « séparatifs » dans lesquels les deux catégories d'eaux circulent dans des tuyaux distincts. Ce système plus coûteux donne l'assurance que les eaux usées passent par une station d'épuration. En principe, si les eaux pluviales sont très polluées, elles subissent également un traitement.

Plaque de bouche d'égout. Les premiers grands réseaux d'égouts ont été construits au début du XIXe siècle.

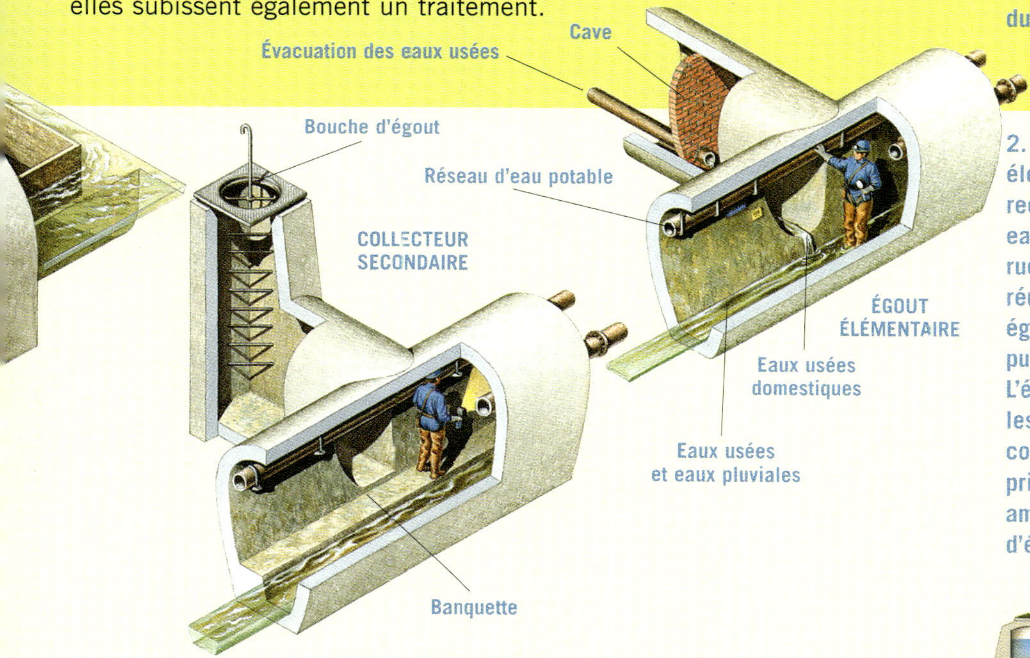

2. Les égouts élémentaires recueillent les eaux usées des rues et se réunissent en égouts secondaires puis en collecteurs. L'émissaire reçoit les eaux des collecteurs principaux et les amène à la station d'épuration.

L'eau dans le sous-sol de Paris

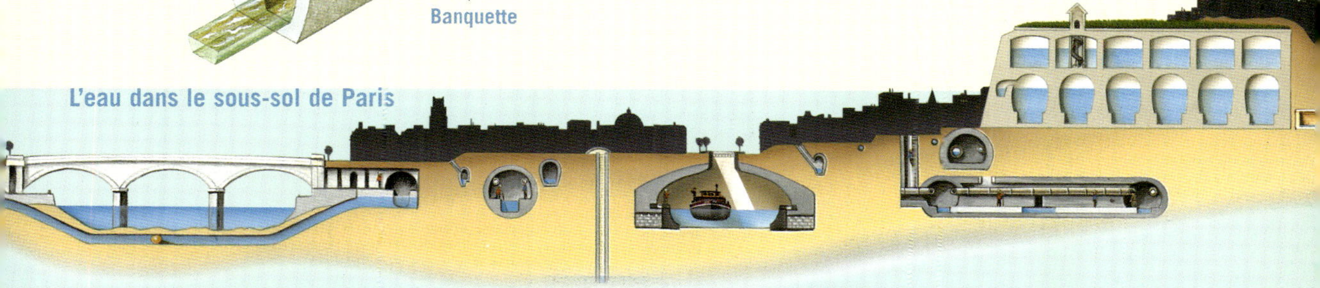

Conduites en plomb

Autrefois, la plupart des conduites étaient constituées de plomb et l'eau coulant dans ces canalisations se chargeait de plomb dissous. Or, ce métal est très toxique. Même à faible dose, il peut affecter le système nerveux, et provoquer le saturnisme, une maladie grave qui touche particulièrement les jeunes enfants. Aujourd'hui, les nouvelles canalisations ne comportent plus de plomb, mais il reste encore beaucoup de réseaux anciens non modernisés. S'il n'est pas possible de changer l'ensemble de la tuyauterie, il faut faire couler l'eau plusieurs minutes avant de la boire.

Nettoyer l'eau

L'eau que nous utilisons doit être purifiée deux fois, d'abord dans les usines de traitement de l'eau, ensuite

Production d'eau potable

Les eaux de rivière sont filtrées afin d'éliminer les graviers et les gros débris. Ensuite on provoque la floculation des matières en suspension, c'est-à-dire leur agglutination en flocons, qui se déposent au fond de l'eau. Viennent ensuite diverses opérations, selon les usines de traitement : filtration sur sable ou sur charbon actif, désinfection à l'ozone (un gaz éliminant les pesticides et tuant les micro-algues). La nanofiltration est de plus en plus utilisée : cette technique consiste à filtrer l'eau sous pression à travers des membranes percées de trous minuscules. Enfin, pour éviter toute prolifération de microbes, on ajoute un peu de chlore dans l'eau, juste avant de la distribuer.

1

1. Salle de nanofiltration de l'eau.

Traitement des eaux usées

Les eaux usées sont d'abord filtrées puis elles passent dans un bassin de décantation. Les grains de sable et les graviers tombent au fond tandis que les graisses remontent en surface et sont récoltées. On élimine ensuite par floculation les particules en suspension et une partie des matières dissoutes. L'eau passe alors dans un bassin d'aération où elle est continuellement brassée afin d'être oxygénée. Cette opération facilite le travail des bactéries qui consomment les matières organiques dissoutes. Ces bactéries se déposent ensuite sur le fond d'un deuxième bassin de décantation, ou « clarificateur ». L'eau peut alors rejoindre un cours d'eau. Elle contient encore quelques éléments polluants, comme des nitrates et des phosphates. C'est la rivière qui se charge d'éliminer ces dernières traces de pollution par auto-épuration.

Stations collectives ou individuelles

En France, 80 % des logements sont reliés à une station d'épuration. Il en existe 15 000, qui traitent près de 5 milliards de m^3 d'eaux usées. Les maisons qui ne sont pas reliées à un réseau de collecte des eaux usées sont presque toutes équipées de fosses septiques. Ce sont des bacs enterrés qui fonctionnent, grâce à l'activité des bactéries, comme de petites stations d'épuration.

dans les stations d'épuration. Cela répond à deux objectifs : produire de l'eau potable et ne pas trop polluer les rivières.

Boues utiles

Les bassins des stations sont régulièrement curés afin d'ôter la boue qui s'y dépose. On récupère ainsi environ un million de tonnes de boues par an. Elles contiennent les restes des bactéries ainsi que des matières organiques. Comme elles sont riches en éléments fertilisants (azote et phosphore), elles constituent un excellent engrais. Plus de la moitié de ces boues sont épandues sur les terres agricoles. Elles sont cependant parfois contaminées par des métaux lourds ou des produits chimiques. Une partie des boues est incinérée, mais cette opération produit des cendres en général toxiques. En principe, seules les boues contaminées et ces cendres rejoignent la décharge.

2 3

2. Bassins de décantation d'une usine de production d'eau potable.

3. Décanteurs d'une station d'épuration. Dans ce bassin de décantation, les bactéries et les microalgues commencent à absorber les matières organiques polluantes.

Moins consommer pour moins nettoyer

Ne pas gaspiller l'eau, cela signifie aussi produire moins d'eaux usées à traiter dans les stations d'épuration.

Partager l'eau

Alors que certains pays souffrent de la rareté ou de la mauvaise qualité de l'eau, d'autres, mieux pourvus, comme la France, ne réalisent pas toujours leur situation privilégiée. Depuis peu, l'homme découvre que l'eau est un patrimoine de l'humanité, à protéger, et à partager entre tous les peuples.

De l'eau pour l'industrie

L'eau accompagne depuis plus d'un siècle le développement de l'industrie, dans

1

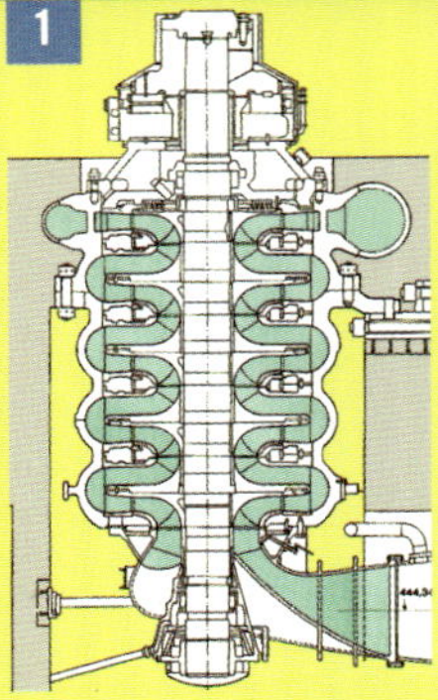

1. Pompe-turbine produisant l'électricité.

Hautes et basses chutes

Les turbines des centrales hydroélectriques transforment l'énergie des chutes d'eau en électricité. Les centrales « de haute chute » sont situées en montagne. L'eau accumulée dans de grands barrages-réservoirs dévale la pente par des conduites jusqu'aux turbines. Les centrales « de basse chute » utilisent l'énergie hydraulique produite par un barrage situé en travers d'un fleuve. Les énormes quantités d'eau mises en jeu compensent la faible hauteur de la chute. L'énergie hydroélectrique est renouvelable puisqu'elle ne dépend que des précipitations. L'eau n'est pratiquement pas polluée et se trouve disponible pour une autre utilisation.
Aujourd'hui, la plupart des sites convenables ont déjà été équipés et la multiplication de petits barrages sur les autres cours d'eau perturberait gravement la vie aquatique.

2

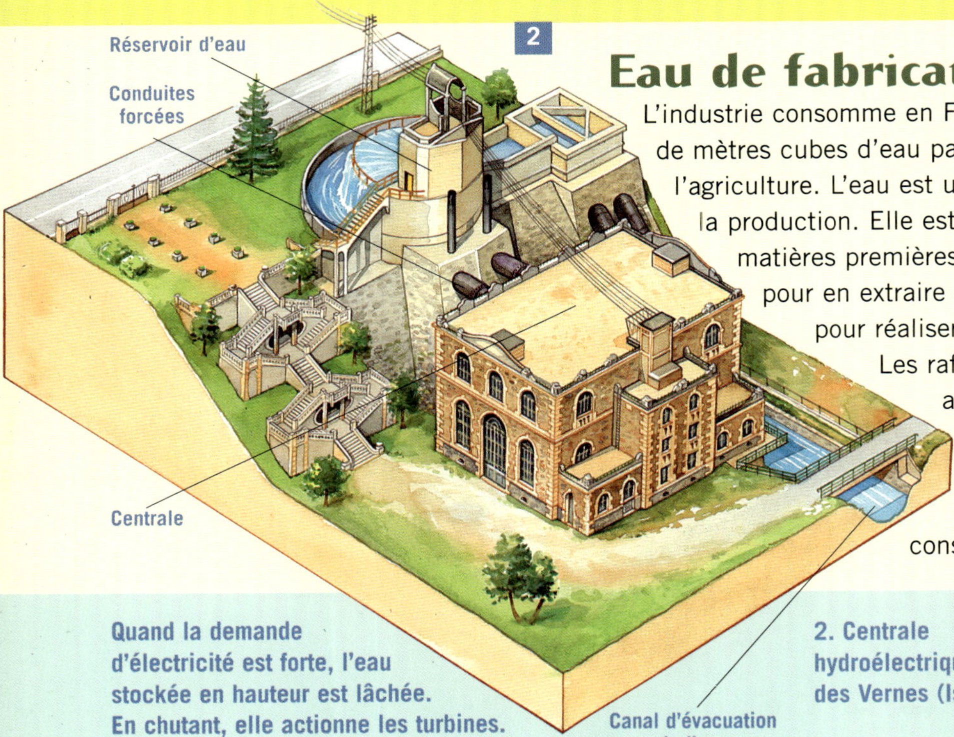

Eau de fabrication

L'industrie consomme en France environ 4 milliards de mètres cubes d'eau par an, presque autant que l'agriculture. L'eau est utile à tous les stades de la production. Elle est employée pour laver les matières premières ou pour les dissoudre, pour en extraire des éléments ou encore pour réaliser des réactions chimiques. Les raffineries de pétrole, les aciéries, les usines de pâte à papier et l'industrie agroalimentaire sont les principales consommatrices d'eau.

Quand la demande d'électricité est forte, l'eau stockée en hauteur est lâchée. En chutant, elle actionne les turbines.

2. Centrale hydroélectrique des Vernes (Isère).

3. Cheminées de refroidissement d'une centrale thermique.

Pour fabriquer un kilo de...

... fibres synthétiques : il faut de 400 à 11 000 litres d'eau,
acier : il faut de 300 à 600 litres d'eau,
papier : il faut de 300 à 600 litres d'eau,
sucre : il faut de 300 à 400 litres d'eau,
matière plastique : il faut de 1 à 2 litres d'eau.

Pollutions industrielles

Au cours de toutes les opérations industrielles, l'eau se charge de substances dissoutes et de particules polluantes : graisses, matières organiques, produits chimiques, métaux lourds (plomb, cadmium), éléments radio-actifs, etc. Les usines sont souvent équipées de bacs de rétention d'eau et de stations d'épuration adaptées aux polluants industriels. On estime cependant qu'en France, la moitié de la pollution provient de l'industrie. En plus de cette pollution chronique, il arrive parfois, lors de la fabrication ou du transport des matériaux, des accidents responsables de graves contaminations du sol et de l'eau.

Eaux chaudes

L'industrie utilise beaucoup d'eau pour refroidir les machines, notamment dans les centrales nucléaires. Cette eau, peu polluée mais chauffée ou vaporisée, est rejetée dans le milieu naturel, et le réchauffe de 4 ou 5 °C. Cela modifie localement les conditions de vie pour la faune et la flore.

3

Le Rhin, fleuve industriel

Le Rhin circule dans 9 pays européens et fournit de l'eau potable à 20 millions de personnes. Il traverse des zones industrielles très denses. À la fin des années 1970, ce fleuve était fortement pollué. Il recevait des milliers de tonnes de chlorures, provenant des mines de potasse, du mercure, du cadmium et toutes sortes d'hydrocarbures, ainsi que les eaux usées des villes et les pesticides provenant des champs cultivés. En 1986, un incendie provoqua une grave pollution par les pesticides et le mercure, privant d'eau potable des

millions de personnes. Après des années d'efforts, la pollution a diminué et le taux d'oxygène a nettement augmenté. La pollution n'est pas totalement éliminée, mais les saumons sont revenus dans le fleuve !

De l'eau pour l'agriculture Pour une bonne croissance, les plantes cultivées doivent être arrosées régulièrement.

Indépendants de la météo !

Même les régions où il pleut suffisamment pour les cultures sont parfois frappées par des sécheresses. L'irrigation permet aux agriculteurs de se libérer des hasards de la météorologie. Ils peuvent aussi étendre les surfaces cultivées en gagnant du terrain sur des régions plus sèches, ou bien varier le choix des cultures et obtenir de meilleurs rendements.
Ainsi, la culture du maïs au sud de la Loire repose entièrement sur l'irrigation car la pluviosité n'est pas suffisante. Cette céréale consomme presque la moitié des eaux d'irrigation en France.

1

2

3

1. Pour produire 1 kg de maïs, il faut 1 500 litres d'eau. 1 kg de riz nécessite 3 fois plus d'eau..

2. L'eau destinée à l'arrosage permet aussi de fournir aux plantes engrais et pesticides.

3. Certaines techniques de cultures sont très économes en eau.

4. Les films plastiques réduisent l'évaporation de l'eau du sol.

5. L'agriculture exige beaucoup d'eau : plus de 40 % de la consommation d'eau, en France, et 75 % dans le monde.

Gaspillage ou goutte-à-goutte ?

L'irrigation conduit à une importante consommation d'eau puisque les trois quarts s'évaporent et ne reviennent donc pas au milieu aquatique.
Le goutte-à-goutte consiste à fournir l'eau aux plantes, directement au niveau des racines, par des tuyaux percés de petits trous. Cette technique est bien plus économe en eau que les anciens canaux d'irrigation à ciel ouvert.
Les arrosages aériens (ou aspersion) permettent aussi de réduire la consommation d'eau sans diminuer la croissance des plantes. Cependant une partie de l'eau est perdue : elle ruisselle en provoquant une érosion du sol ou s'infiltre dans les terrains, entraînant en profondeur pesticides et engrais.
Les agronomes cherchent à mettre au point des capteurs qui pourraient piloter l'irrigation en fonction des besoins réels des plantes.

Certaines cultures sont irriguées et exigent donc d'énormes quantités d'eau, puisées dans les nappes et les rivières.

4

Des produits envahissants

Dans les régions de grande culture, les nappes phréatiques sont souvent polluées par les activités agricoles. Lorsque l'épandage des engrais n'est pas bien contrôlé, les plantes ne peuvent pas tout utiliser et le surplus est entraîné dans le sous-sol, provoquant notamment une pollution par les nitrates.
De grandes quantités de pesticides sont utilisées pour éliminer les insectes et les champignons parasites ainsi que les mauvaises herbes. Une partie de ces produits aboutit aux rivières et dans les nappes souterraines.

5

Agriculture économe

On peut économiser l'eau d'irrigation, par exemple en évitant d'arroser pendant les heures les plus chaudes, ou lorsque le vent souffle fort. Il faut adapter les arrosages en fonction des besoins de la plante au cours de son développement. L'agriculture biologique qui n'utilise ni pesticides ni engrais chimiques est également plus économe en eau.

Catastrophe écologique

La mer d'Aral était le quatrième lac du monde par la superficie. Les deux fleuves qui l'alimentaient ont été détournés afin d'irriguer les cultures du coton dans la région du Kazakhstan. Les abus d'engrais et de pesticides ont pollué la terre et les eaux. Aujourd'hui, la surface de la mer d'Aral est réduite de moitié et son niveau a baissé de 15 m. L'eau est gravement polluée et trois fois plus salée qu'avant. Les poissons ont presque tous disparu. Le climat est devenu plus sec. D'immenses surfaces de marais et de cultures ont été transformées en déserts.

De l'eau pour les poissons

La pollution de l'eau et les barrages qui arrêtent les poissons migrateurs ont entraîné

Pisciculture

Le principal poisson d'élevage en France est la truite, notamment la truite arc-en-ciel, originaire d'Amérique du Nord. Cette espèce grossit plus vite que la truite fario européenne. Depuis peu, les pisciculteurs maîtrisent l'élevage de l'esturgeon, un poisson marin qui pond en rivière, et dont la pêche est interdite car il est proche de l'extinction. Il est apprécié pour sa chair et surtout pour ses œufs, connus sous le nom de caviar. Quant au saumon, bien qu'il passe une partie de sa vie en eau douce, il est élevé en mer.

Esturgeon

1

2

De la fécondation à la truite-portion

Les bassins d'élevage sont souvent alimentés par une rivière proche. L'élevage des truites débute par la fécondation : la laitance des mâles est versée sur les œufs pour qu'ils soient fécondés. Ceux-ci sont ensuite mis dans un milieu à température contrôlée. Après éclosion, les alevins sont nourris avec des aliments choisis en fonction de leur taille. Ils grossissent vite et sont bientôt placés dans des bassins extérieurs. À un an, ils pèsent environ 250 grammes et sont vendus. Certains élevages produisent des alevins qui servent à repeupler les rivières, pour la pêche.

No kill !

De nombreux pêcheurs remettent à l'eau leurs prises, et se contentent du plaisir de la capture. Si tu veux pratiquer cette pêche (appelée « no kill » - : sans mort - en anglais), tu peux limer l'ardillon des hameçons, ce qui blesse moins les poissons. Laisse ton coin de pêche bien propre, sans abandonner tes plombs et des bouts de fils de nylon.

la quasi-disparition de la pêche professionnelle dans les fleuves et les lacs. Cette activité est remplacée par la pisciculture.

2

4

Étangs d'élevage

Dans les élevages « extensifs », les poissons ne reçoivent qu'un complément à leur alimentation naturelle, et leur reproduction n'est pas contrôlée. On intervient parfois en fertilisant le milieu pour développer la végétation, ou pour ajuster le niveau d'eau. On élève ainsi les carpes et les gardons, ainsi que des prédateurs, tels que les perches, les brochets et les sandres. La récolte se fait au filet, ou lors d'une vidange de l'étang.

1 et 2. Tri du poisson et vidange de l'étang.

2 et 4. Pêche et bassin d'élevage. La production des étangs est assez faible, de l'ordre de 200 kg de poissons par hectare et par an. En milieu tropical, la production peut atteindre 11 tonnes de poissons par hectare et par an.

Entre pêche et élevage

Dans les lacs des Alpes, les pêcheurs professionnels capturaient chaque année des centaines de tonnes de poissons, notamment des corégones. Les prises avaient beaucoup diminué à cause de la pollution, mais aujourd'hui, l'amélioration de la qualité de l'eau permet de repeupler les lacs. Des corégones pêchés en période de reproduction fournissent des œufs fécondés. Les alevins sont élevés dans des cages immergées dans le lac et sont nourris artificiellement. La nuit, cependant, ils profitent du plancton attiré par la lumière. Quand ils atteignent 5 cm, on les relâche dans le lac. Ainsi, les pertes de jeunes poissons sont réduites, et le repeuplement des lacs est plus rapide.

Silure glane. Ce poisson-chat géant, venu d'Europe de l'Est, est maintenant élevé en étang.

Élevages intensifs... et polluants

Dix kilos de truites polluent autant qu'un être humain ! Les élevages de poissons jouent un rôle perturbateur sur le milieu, du fait des excréments des truites, mais aussi de leurs aliments. Si les poissons ne mangent pas tout, les restes sont entraînés dans la rivière et augmentent la charge de matière organique. Les élevages augmentent aussi les risques de propagation des épidémies ou des parasites dans les populations sauvages.

Transports sur l'eau Pour le transport de marchandises, on oppose souvent le rail à la route, en comparant leurs coûts,

1
2

3
4

Un réseau européen

Les voies navigables sont les canaux artificiels et les cours d'eau naturels que les péniches peuvent emprunter. Elles peuvent traverser la France entière, de Marseille à Lille. La Seine et le Rhône sont navigables sur une grande partie de leur longueur, contrairement à la Loire. Quant au Rhin, c'est la plus importante voie navigable européenne. Le réseau français, long de 8 600 km, est particulièrement dense au nord-est du pays. Il est relié au réseau européen. La construction du canal à grand gabarit Seine-Nord, prévue pour 2010, permettra aux gros bateaux de relier rapidement Paris à la Belgique, aux Pays-Bas ou à l'Allemagne.

Routes aquatiques

Les bateaux fluviaux transportent surtout des minéraux bruts, des matériaux de construction comme du ciment sous pression, des produits agricoles, des hydrocarbures. Le transport de déchets et de conteneurs se développe également. Comparés aux camions, les bateaux sont économes en énergie et peu polluants. Le transport fluvial est plus lent, mais plus fiable : les accidents de péniches sont rares ! Si l'on tient compte de tous ces éléments, le transport par voie d'eau n'est pas plus coûteux que le transport sur rail, et six fois moins cher que le transport routier.

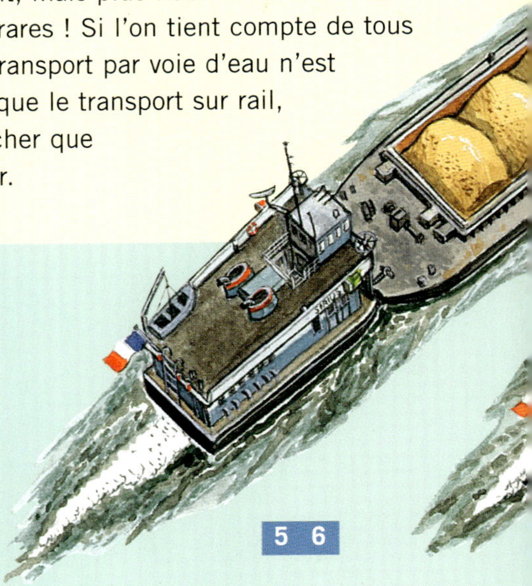

5 6

Flotte d'eau douce

Les péniches traditionnelles, dites péniches Freycinet, mesurent 38,5 mètres de long et 5 mètres de large. Elles sont très précisément adaptées aux dimensions des anciennes écluses. Elles peuvent transporter 350 tonnes de marchandises, soit l'équivalent de 14 camions semi-remorque.

Sur les canaux à grand gabarit circulent des bateaux de fort tonnage, mesurant jusqu'à 110 mètres de long et plus de 11 mètres de large.

Les plus grands convois sont constitués de pousseurs et de 8 barges, d'une capacité de 4 400 tonnes, soit 220 camions ou 3 trains de marchandises.

1. Bateau porte-conteneurs.

2. Ascenseur à péniches.

3. Tourisme fluvial.

4. Panneaux de navigation.

leurs vitesses et leurs nuisances. Mais on oublie souvent une troisième voie, bien plus discrète, la voie navigable !

Paris-sur-mer

Certains bateaux peuvent naviguer aussi bien en mer que sur les fleuves et les canaux. Cela permet d'éviter les opérations de transbordement des marchandises et donne à Paris ou à Lille la dimension de véritables ports de mer. Ce transport fluvio-maritime, assez peu développé, pourrait l'être davantage. En augmentant le nombre de bateaux venant de Méditerranée pour rejoindre Lyon ou Chalon-sur-Saône, on pourrait réduire la circulation routière de la vallée du Rhône.

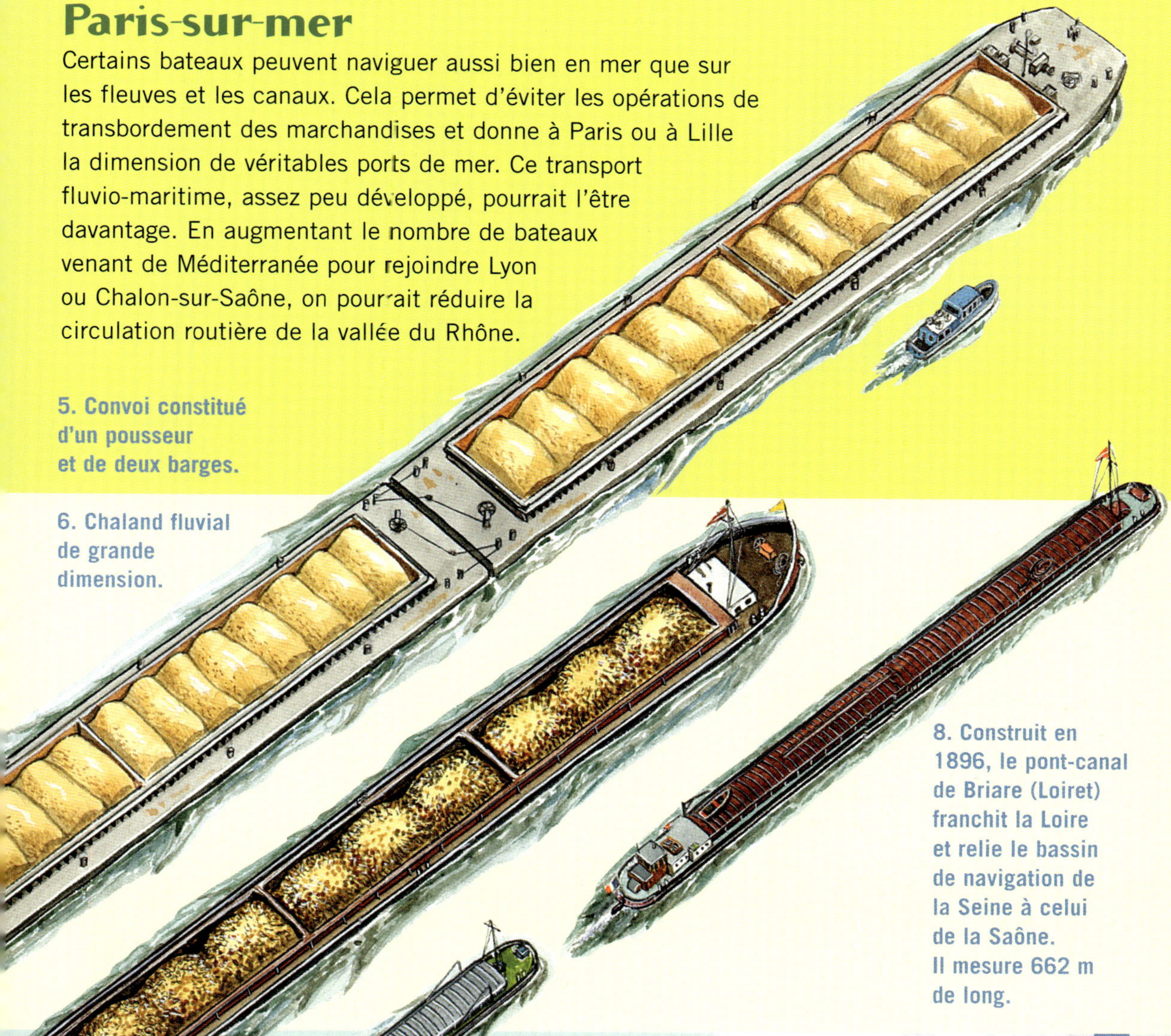

5. Convoi constitué d'un pousseur et de deux barges.

6. Chaland fluvial de grande dimension.

7. Péniche, ou automoteur de type Freycinet.

8. Construit en 1896, le pont-canal de Briare (Loiret) franchit la Loire et relie le bassin de navigation de la Seine à celui de la Saône. Il mesure 662 m de long.

8

7

Transport à développer

Aux Pays-Bas, les voies navigables permettent d'assurer près de la moitié du transport des marchandises. En Allemagne, la proportion est ramenée à 15 %, et en France, à 3 % seulement.

Le transport fluvial devrait cependant se développer dans les années à venir : il apporte une solution à l'engorgement du trafic sur les axes routiers ; les péniches consommant moins d'énergie et rejetant moins de CO_2 dans l'atmosphère, il est aussi moins polluant.

Canaux et écluses **Grâce aux canaux, les bateliers ont pu échapper aux dangereux caprices des fleuves. Pour franchir les**

Voies d'eau

Un canal est une voie entièrement artificielle, alimentée par les rivières ou par des pompages. Le canal de dérivation, parallèle à un cours d'eau trop irrégulier, permet néanmoins la navigation. Il en coupe les méandres, ou évite les portions qu'il serait trop coûteux d'aménager. Le canal de jonction relie entre elles deux voies navigables séparées par un relief. Les canaux perdent de l'eau par évaporation ainsi qu'à chaque passage d'écluse. Des réservoirs permettent de maintenir le niveau d'eau nécessaire pour la navigation.

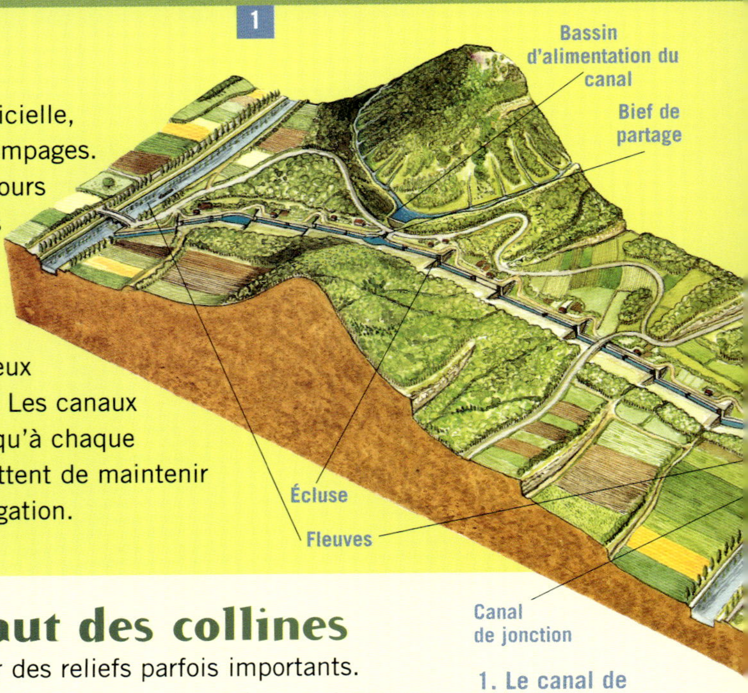

1. Le canal de jonction permet aux bateaux de franchir le relief à l'aide d'une série d'écluses.

Des bateaux à l'assaut des collines

Les canaux de jonction doivent franchir des reliefs parfois importants. Les ingénieurs hydrauliciens ont construit des canaux-tunnels pour traverser les montagnes et des ponts-canaux pour enjamber les vallées. Les canaux ont été séparés en portions presque horizontales, les biefs, séparés par des chutes artificielles que les péniches franchissent par des écluses. Le canal de la Marne à la Saône, passage entre le Nord de la France et la Méditerranée, compte 114 écluses sur une longueur de 224 kilomètres ! Chaque écluse permet de monter ou de descendre de quelques mètres, 6 à 8 mètres pour les anciennes, et jusqu'à 40 mètres pour les plus récentes. Certains ouvrages remplacent plusieurs écluses, comme l'ascenseur à bateaux de Strépy-Thieu (Belgique) qui permet de franchir 73 mètres en un seul passage.

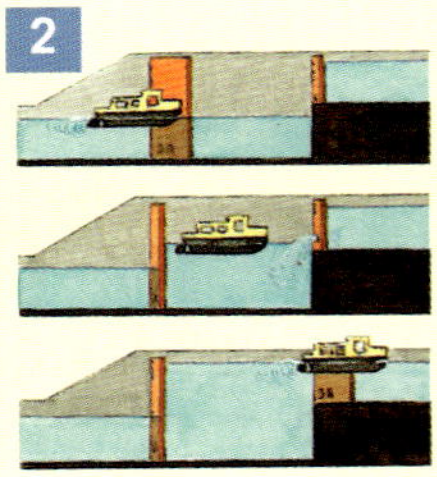

2. Passage d'un bateau dans une écluse. Le réseau navigable français compte 2 300 écluses, dont le principe date du XVe siècle.

4. Une écluse à sas.

Entretien de canaux

Le passage des bateaux, la croissance de la végétation et le dépôt des sédiments modifient les berges et le fond des voies d'eau. Canaux et rivières doivent donc être régulièrement dragués pour conserver la profondeur nécessaire à la circulation. D'autres tâches importantes sont nécessaires comme le renforcement des berges par de la végétation et/ou des protections minérales (enrochement, palplanches), la construction de passes à poissons qui permettent la circulation des espèces migratoires, ou l'aménagement des chemins de halage pour les cyclistes et les randonneurs.

reliefs, il a fallu construire les extraordinaires ouvrages d'art que sont les écluses, les ponts-canaux et les ascenseurs à péniches.

Entre deux biefs

Une écluse est située entre deux parties d'une voie d'eau appelées bief aval et bief amont. Une péniche qui remonte un cours d'eau entre dans l'écluse par ses portes aval. Les portes se ferment et l'écluse se remplit d'eau, permettant à la péniche de monter jusqu'au niveau du second bief. Les portes amont s'ouvrent alors et la péniche peut continuer son trajet. Le principe est le même pour un bateau « avalant », c'est-à-dire se dirigeant vers l'aval. L'opération prend quelques dizaines de minutes. Pendant les manœuvres, les bateaux qui attendent se tiennent à distance de l'écluse car les remous sont violents.

3

3. Les plus petites écluses mesurent 40 m de long sur 6 m de large, soit à peine plus que la taille d'une péniche. Les plus grandes atteignent 300 m de long pour 30 m de large.

Le réseau géré par Voies navigables de France comprend 6 700 km de canaux, 1589 écluses, 494 barrages, 65 barrages-réservoirs, 35 souterrains, 107 ponts à canaux.

4

VNF

Voies navigables de France entretient et modernise l'essentiel du réseau de navigation. Grâce à l'action quotidienne de milliers d'hommes le transport de marchandises et le tourisme fluvial peuvent se développer. Mais cet établissement public assure également le transport de l'eau, utile à l'approvisionnement des populations, à l'irrigation des champs et au fonctionnement de l'industrie.

Loisirs d'eau La belle saison est propice à de multiples activités nautiques : les rivières attirent les nageurs, les pêcheurs,

Embarcations

Les eaux douces accueillent un nombre toujours croissant de sportifs, de plaisanciers et de baigneurs. Lorsque les péniches sont à quai, les skiffs et les yolettes des amateurs d'aviron s'aventurent sur les canaux. Canoés et kayaks se partagent les eaux vives coupées de rapides. Même les torrents et les chutes d'eau servent de terrain de sport, pour le canyoning ou le rafting. Sur les plans d'eau, cohabitent tant bien que mal planches à voile et jet-skis. De nombreuses bases nautiques ont été aménagées dans les gravières inondées et les lacs-réservoirs. Toutes ces activités nécessitent que l'eau douce reste de bonne qualité.

1

2

Vairons et saumons

Les pêcheurs ont été parmi les premiers à s'alarmer de la dégradation du milieu aquatique. Avec la disparition des poissons, leur passion était directement menacée. Les associations de pêcheurs ont donc beaucoup agi pour réduire la pollution de l'eau et la dégradation des milieux aquatiques. Pêche au coup, au lancer ou à la mouche, les techniques sont très variées selon les espèces pêchées.

1. Rafting sur l'Ubaye.

2. Ski nautique sur un lac.

3. Pêche au coup dans la Sioule.

4. Canyoning en torrent.

3

4

CSP

Les gardes-pêche du Conseil supérieur de la pêche sont chargés de contrôler les activités des pêcheurs amateurs et professionnels et de suivre l'état des milieux naturels aquatiques. Ils doivent ainsi repérer les pollutions et en trouver l'origine. Ils effectuent également des travaux de recherche sur l'état général du milieu et des populations de poissons en France.

Cormoran le concurrent

La protection du milieu naturel a parfois des conséquences imprévues. Le grand cormoran, un oiseau protégé, a proliféré partout en Europe. En France, leur nombre a été multiplié par treize en vingt ans, et les colonies ont envahi tous les milieux aquatiques. Comme le cormoran adulte consomme 500 g de poissons par jour, ces oiseaux capturent autant de poissons que les pêcheurs qui s'alarment du déséquilibre provoqué par cette prédation incontrôlée. Des plans de réduction des populations de cormorans sont mis en œuvre, sans pour autant autoriser leur chasse qui perturberait la nidification de l'ensemble des oiseaux.

5

5. Grand cormoran.

6. Pêche électrique. Lorsqu'un canal doit être vidé, les gardes-pêche capturent les poissons à l'aide d'un courant électrique. Les poissons seront ensuite remis à l'eau.

6

Pêche réglementée

Pour permettre aux populations de poissons de se renouveler, la pêche est interdite à l'époque de la reproduction. Les dates de fermeture dépendent des régions et des espèces. Les pêcheurs doivent respecter les tailles minimales autorisées : tout poisson qui n'a pas atteint sa taille adulte doit être remis à l'eau. Par l'achat d'une carte de pêche obligatoire, chaque pêcheur contribue au financement du repeuplement des rivières. Cette réglementation ne s'applique pas aux plans d'eau qui ne sont pas reliés aux rivières. Dans ces eaux closes, il est possible de pêcher toute l'année.

Tailles minimales

Truite : 18 à 23 cm
Brochet : 50 cm
Ombre commun : 30 cm
Sandre : 40 cm
Black bass : 23 cm
Ces tailles varient selon les cours d'eau et les régions.

Les conflits de l'eau **Les besoins en eau sont souvent supérieurs aux quantités disponibles. Cela peut provoquer des**

Partages difficiles

En été, la réduction de la pluviosité entraîne souvent une baisse du niveau des nappes souterraines et des fleuves. L'eau devient alors une denrée rare que les usagers doivent partager pour leurs activités respectives : circulation des péniches, refroidissement des centrales électriques, tourisme sur les plans d'eau, pompage des fleuves pour l'irrigation des cultures... Cela nécessite une véritable gestion des ressources en eau. En France, six agences de l'eau se partagent cette tâche, chacune étant responsable d'une partie du réseau hydrographique.

Eaux internationales

Un tiers des frontières est marqué par des fleuves ou des lacs. De nombreux pays partagent aussi des nappes phréatiques. La crainte de manquer d'eau et la peur des pollutions provoquées par les voisins peuvent gravement perturber les relations entre pays frontaliers. L'Organisation des nations unies a ainsi recensé dans le monde 300 régions où l'eau constitue un enjeu important, particulièrement dans les pays arides et très peuplés comme ceux du Proche-Orient.

L'eau, patrimoine de l'humanité

Deux grands fleuves, le Tigre et l'Euphrate, prennent naissance en Turquie puis traversent l'Irak et la Syrie. La Turquie a construit de grands barrages sur ces fleuves pour la production d'énergie et l'irrigation des cultures. Ces travaux ont entraîné dans les pays situés en aval une forte réduction des débits et, parallèlement, une augmentation de la concentration de sel et de polluants dans l'eau des fleuves. Les conflits de ce type ne pourront être réglés pacifiquement que par des négociations internationales prenant en compte les besoins de l'ensemble des pays concernés.
C'est pourquoi les organisations internationales commencent à considérer l'eau non plus comme une simple matière première, mais comme un patrimoine commun de l'humanité.

1

Johannesburg 2002

Chaque pays devrait pouvoir disposer d'eau en quantité et en qualité suffisantes. En 2002, 189 pays se sont réunis à Johannesburg pour le Sommet mondial pour le développement durable. Ils ont décidé de réduire de moitié, avant 2015, le nombre de personnes n'ayant pas accès à l'eau potable. La communauté internationale souhaite également protéger les milieux aquatiques, réduire la pollution de l'eau et lutter contre les gaspillages. Mais il reste encore à mettre en œuvre toutes ces bonnes intentions.

tensions entre les usagers privilégiés et les démunis. Le partage de l'eau est devenu une nécessité aussi bien locale qu'internationale.

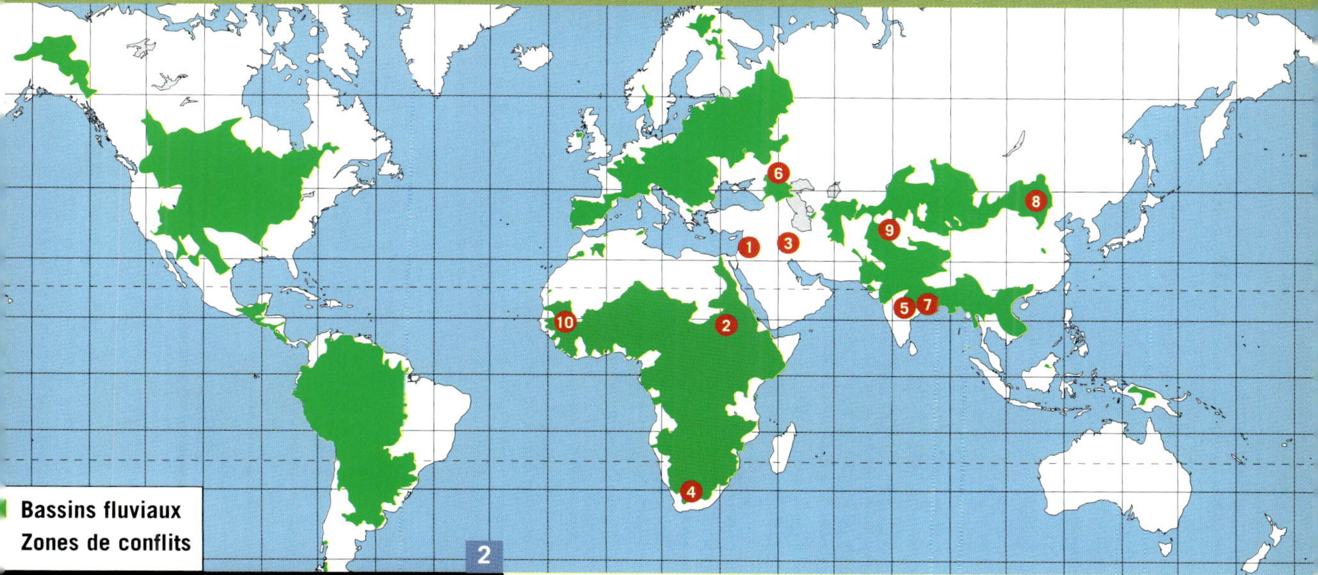

2

1. Toute l'eau du monde... n'est qu'une goutte ! L'eau douce n'est pas seulement une matière première ou une marchandise ; elle devrait être un droit fondamental pour tous les êtres humains..

2. Un grand nombre de bassins fluviaux s'étendent sur plusieurs pays à la fois. Certains d'entre eux sont déjà l'objet de tensions plus ou moins fortes à propos des ressources en eau.

1 JOURDAIN : Israël, Jordanie, Palestine, Syrie, Liban
2 NIL : Égypte, Soudan, Tanzanie, Congo, Kenyan, Burundi, Rwanda, Ouganda, Érythrée, Éthiopie
3 TIGRE ET EUPHRATE : Syrie, Irak, Iran, Turquie
4 ORANGE : Lesotho, Afrique du Sud, Namibie, Botswana
5 GANGE BRAHMAPOUTRE : Inde, Bangladesh
6 KOURA-ARAKS : Géorgie, Arménie, Azerbaidjan
7 KARNAPHULI : Inde, Bangladesh
8 AMOUR : Chine, Russie, Corée du Nord
9 MER D'ARAL : Afghanistan, Tadjikistan, Kazakhstan, Kirghizstan, Turkménistan, Ouzbékistan, Chine
10 SÉNÉGAL : Sénégal, Mauritanie, Mali

Étude d'impact

En France, la loi impose aujourd'hui d'évaluer l'impact de toute opération importante concernant le milieu aquatique. Sans cette étude préalable, aucune autorisation n'est accordée pour un prélèvement d'eau, une évacuation d'eaux usées, la construction d'un barrage ou l'assèchement d'une zone humide. L'étude doit prendre en compte les effets de l'opération sur les animaux et les plantes aquatiques mais aussi ses conséquences pour les autres utilisateurs de la ressource.

FONDATION NICOLAS HULOT Sensibiliser et former jeunes et adultes au respect de l'environnement...

Une Fondation pour comprendre et respecter la nature

Depuis sa création en 1990, la Fondation Nicolas Hulot sensibilise le public aux richesses et à la fragilité de notre patrimoine naturel. La Fondation soutient également les initiatives concrètes en faveur de l'environnement dans une démarche de développement durable.

Jeunes ou adultes

Citoyens, acteurs économiques et politiques : chacun, à son échelle, a un rôle à jouer pour préserver notre planète. Grâce à l'implication de ses bénévoles, la Fondation poursuit sa mission d'éducation auprès des jeunes et agit en faveur de l'environnement.
Ses actions portent sur la sauvegarde de l'eau, l'éco-citoyenneté en ville, la biodiversité, le développement durable et le soutien à des actions de terrain.

Préserver l'eau c'est protéger la vie

L'eau est l'un des enjeux majeurs du XXIe siècle. La Fondation en a fait l'une de ses plus grandes priorités depuis plusieurs années avec la campagne « SOS Mer Propre ».
Depuis 2001, le programme « SOS Planète Eau » lui succède et le voilier *Fleur de Lampaul* devient ambassadeur de la protection de l'eau. À son bord, les animations pédagogiques dans les ports ou les Missions-Découverte en mer permettent de comprendre les effets des pollutions et d'apprendre à préserver les milieux aquatiques.

Embarquez sur Fleur de Lampaul

Fleur de Lampaul, le voilier ambassadeur de la Fondation Nicolas Hulot, est un vieux gréement classé Monument historique. En hivernage à Bordeaux, il sillonne pendant la belle saison les côtes et les fleuves à la rencontre du public pour l'initier aux beautés et à la fragilité de la Planète Eau.

... telle est la vocation de la Fondation Nicolas Hulot pour la Nature et l'Homme.

Des animations pour tous

À chacune de ses escales, *Fleur de Lampaul* accueille les scolaires et le grand public.
Des ateliers multimédia, vidéo, d'observation scientifique permettent de découvrir ce qu'est le cycle de l'eau, de comprendre les enjeux de la gestion de l'eau, d'étudier la faune, la météo ou encore les marées.

Les Missions-Découverte en mer

La Fondation organise régulièrement des concours pour encourager les jeunes à réfléchir et agir en faveur de l'eau. Les lauréats ont la chance de naviguer une semaine à bord de *Fleur de Lampaul*, à la découverte de la nature, des animaux marins et des hommes. Ils reviendront de ce voyage avec des souvenirs magiques et la volonté de transmettre leurs connaissances nouvelles à leur entourage.

FONDATION NICOLAS HULOT POUR LA NATURE ET L'HOMME

52, boulevard Malesherbes
75008 Paris
fnh@fnh.org
www.planete-nature.org
Fondation reconnue d'utilité publique.

Pour connaître les prochaines escales de *Fleur de Lampaul*, connectez-vous sur : **www.planete-nature.org**

Ce livre t'a-t-il aidé à mieux connaître l'eau douce ? Voici trois questions pour le vérifier !

1°/ Par rapport à la surface du globe, l'eau recouvre :
❒ 47% de cette surface ❒ 63% de cette surface ❒ 71% de cette surface

2°/ Par rapport à la quantité d'eau totale de la planète, l'eau douce en représente :
❒ 3% ❒ 7% ❒ 10%

3°/ Quand tu prends un bain, combien de litres d'eau consommes-tu ?
❒ 50 litres ❒ 200 litres ❒ 500 litres

RÉPONSES

Réponse 1 : L'eau recouvre 71% de la planète, soit presque 3/4 de la surface du globe. Imagine, cela représente environ 400 fois la surface de la mer Méditerranée. La Terre est le seul endroit connu du Système solaire où l'eau est présente sous forme liquide.

Réponse 2 : En effet, plus de 97% de l'eau sur Terre est salée et moins de 3% est douce. Et encore ! La plus grande partie est prisonnière des glaces polaires. Ainsi, l'eau utilisable par l'homme représente moins de 1% de toute l'eau de la planète. Aussi, économisons l'eau !

Réponse 3 : Oui, quand tu prends un bain, tu consommes 150 à 200 litres selon la taille de la baignoire. Sais-tu que cela correspond à 3 douches ? Alors, il n'est jamais trop tard pour commencer à économiser l'eau. À toi de jouer !

Glossaire

AFFLUENT
Cours d'eau qui se jette dans un autre cours d'eau, en général plus important.

AMONT
Partie d'un cours d'eau d'où vient le courant.

ANTARCTIQUE
Qui concerne les régions situées autour du pôle Sud.

AQUEDUC
Canal conduisant l'eau d'un lieu à un autre.

ARCTIQUE
Qui concerne les régions situées autour du pôle Nord.

AVAL
Partie d'un cours d'eau vers laquelle le courant descend.

AZOTE
Élément présent dans de nombreux composés chimiques. Sous forme gazeuse, l'azote est le constituant le plus abondant de l'atmosphère terrestre. Les nitrates, les nitrites ou l'ammonium contiennent de l'azote, comme la matière organique.

BACTÉRIE
Être vivant constitué d'une seule cellule de très petite taille (un millième à un centième de millimètre).

BIEF
Partie d'une rivière située entre deux rapides ou deux écluses.

CALOTTE GLACIAIRE
Ensemble des glaciers recouvrant le continent antarctique ou le Groenland.

CARNIVORE
Qui se nourrit d'animaux.

CHAÎNE ALIMENTAIRE
Une chaîne alimentaire est une suite d'êtres vivants dans laquelle chacun mange celui qui le précède. Le premier maillon de la chaîne est le plus souvent un végétal chlorophyllien.

CHLOROPHYLLE
Pigment vert présent dans la plupart des plantes et qui permet la photosynthèse.

COLONISATION
Occupation d'un nouveau territoire par une espèce végétale ou animale.

CRUE
Hausse brutale du niveau de l'eau d'un cours d'eau ; niveau maximal d'un fleuve.

DÉBIT
Volume d'eau circulant dans un fleuve ou un canal par unité de temps (par exemple par seconde, par heure ou par année).

DÉCRUE
Baisse du niveau de l'eau d'un fleuve, à la fin d'une crue.

DIOXYDE DE CARBONE
Gaz produit par la respiration des êtres vivants ou par la combustion de matière carbonée (par exemple, le bois, le charbon ou le pétrole). Il est également appelé gaz carbonique ou CO_2.

ÉCOSYSTÈME
Dans un milieu donné, ensemble des êtres vivants et de leur milieu de vie (caractéristiques du sol ou de l'eau, climat...).

ENGRAIS
Substance destinée à enrichir le sol pour la culture. Les engrais peuvent être naturels (fumier, compost) ou artificiels (nitrates, phosphates, potassium).

ÉTIAGE
Période pendant laquelle le débit d'un cours d'eau est exceptionnellement faible ; niveau le plus bas d'un fleuve.

EUTROPHISATION
Accumulation dans l'eau de débris organiques dont la décomposition enrichit exagérément le milieu en sels minéraux. Cela provoque une prolifération excessive de végétaux aquatiques et la baisse du taux d'oxygène de l'eau. Les apports d'engrais peuvent être à l'origine d'une eutrophisation des lacs et des cours d'eau.

FORAGE
Action de creuser le sol pour y trouver de l'eau, du pétrole ou du gaz.

GÉOLOGIE
Étude des roches et du sous-sol.

GÉOTHERMIE
Énergie interne du globe terrestre, sous forme de chaleur des roches ou des nappes d'eau souterraines ; exploitation de cette énergie pour le chauffage des bâtiments ou pour la production d'électricité.

GEYSER
Source d'eau chaude jaillissant brutalement du sol par intermittence.

GRAVIÈRE
Carrière de graviers.

HERBIVORE
Qui se nourrit de végétaux (pas seulement d'herbe, mais aussi de feuilles, de racines ou de plancton végétal).

HYDROCARBURE
Substance contenant seulement du carbone et de l'hydrogène. En général, le terme hydrocarbure est utilisé pour désigner les produits chimiques qui dérivent du gaz naturel, du pétrole et du charbon.

HYDROÉLECTRIQUE
Relatif à la production d'électricité à partir de l'énergie des eaux courantes (énergie hydraulique).

MATIÈRE ORGANIQUE
Matière constituant les organismes vivants et dont le carbone est l'élément principal.

MICROBE
Être vivant de très petite taille. Les bactéries, les virus et certains parasites sont des microbes.

NAPPE PHRÉATIQUE
Nappe d'eau souterraine alimentant des puits et des sources.

NITRATE
Corps chimique azoté, utilisé comme engrais. La décomposition de la matière organique produit des nitrates.

ORNITHOLOGUE
Scientifique spécialiste des oiseaux.

PALUDISME
Maladie provoquant de fortes fièvres, dues à un parasite du sang transmis par certains moustiques.

PESTICIDE
Substance toxique utilisée en agriculture pour éliminer les insectes qui s'attaquent aux récoltes, les champignons parasites ou les mauvaises herbes.

PHOSPHATE
Corps chimique contenant du phosphore, utilisé comme engrais.

PHOTOSYNTHÈSE
Ensemble de réactions chimiques par lesquelles les plantes transforment l'énergie lumineuse en énergie chimique. Elles utilisent l'énergie du soleil, le dioxyde de carbone de l'atmosphère et de

Des adresses internet

l'eau pour fabriquer les matières dont elles ont besoin pour leur croissance.

PLANCTON
Ensemble des êtres vivants de petite taille qui vivent en suspension dans l'eau. Le phytoplancton est le plancton végétal ; le zooplancton est le plancton animal.

SÉDIMENT
Dépôt (souvent de sable ou d'argile) au fond de l'eau, dans un lac, une rivière ou la mer.

SELS MINÉRAUX
Corps chimiques présents dans le sol ou dans l'eau et indispensables, en faibles quantités, à la croissance des végétaux (ou des animaux).

SOURCE PÉTRIFIANTE
Source dont l'eau est si riche en calcaire que les objets plongés dans l'eau se recouvrent en quelques jours d'une mince couche de calcaire.

TURBINE
Système rotatif transformant l'énergie d'un courant d'eau (ou d'air) en électricité.

SITES INTERNET SUR L'EAU POUR LES JEUNES

http://www.sos-planete-eau.org/index.html
Le site du programne SOS planète eau, de la fondation Nicolas Hulot pour la nature et l'homme.

http://www.10-15.com/sciences/eau/scientifiquesom.html
Pour les 10-15 ans, sur l'eau potable et les milieux aquatiques.

http://www.cieau.com/junior/index.htm
Sur l'eau potable en France et le cycle de l'eau, pour les jeunes.

http://www.ecometiers.com/
Site consacré aux métiers de l'environnement.

http://www.fcpn.org/
Site des clubs CPN (Connaître et protéger la nature).

http://www.jeunespourlanature.asso.fr/
Site des clubs JPN (Jeunes pour la nature)

POUR TOUS PUBLICS

http://www.eau-artois-picardie.fr
http://www.eau-rhin-meuse.fr/
Nombreux renseignements sur l'eau potable, les nappes d'eau souterraines, la pollution, etc.

http://www.environnement.gouv.fr/actua/cominfos/dosdir/zonhum1.htm
Un dossier du ministère de l'Écologie et du développement durable sur les zones humides.

http://www.cnrs.fr/cw/dossiers/doseau/accueil.html
Un dossier détaillé sur l'eau, conçu par le CNRS et très accessible.

http://www.oieau.fr/
Le site de l'Office International de l'Eau, avec de nombreuses informations sur la gestion et la protection des ressources en eau, en France et dans le monde.

http://www.h2o.net/
Journal consacré à l'eau dans le monde.

http://www.ec.gc.ca/water/f_main.html
Un site canadien sur l'eau.

http://www.ggl.ulaval.ca/personnel/bourque/s3/eaux.souterraines.html
Une page d'un site canadien sur les eaux souterraines, les sources, les puits, les risques de pollution...

http://perso.wanadoo.fr/erb/
Site de l'association Eau et rivières de Bretagne, sur l'eau potable, la pollution par les nitrates etc.

http://galileo.cyberscol.qc.ca/InterMet/main/menu_par_sujet.htm
Un site pédagogique très complet et clair sur l'atmosphère et le cycle de l'eau.

AUTRES SITES
www.swp.iinet.net.au/swp2.html
www.csp.environnement.gouv.fr
www.vnf.fr

Crédits

PHOTOS
BIOS - © : E. Eymard Duvernay p. 4-5 ; M. Rauch p. 6 (1) ; A. Berly p. 7 (3) ; F. Merlet p. 7 (4) ; B. Pambour p. 14 (1), p. 53 (2), 60 (1), 81 (5) ; B. Lundberg p. 14 (2) ; Drain/Still pictures p.16 (1) ; D. Delfino p. 17 (2), 34 (1) ; F. Cahez p. 17 (3) ; P. Cugnot p. 18 (1) ; J.L. & F. Ziegler p. 18 (2), 71 (3) ; J.M. Prevot p. 18 (3) ; Cancalosi/P. Arnold p. 19 (4) ; M. et C. Denis-Huot p. 20-21, 54 (2) ; J.Y. Grospas p. 22 (3) ; Petit p. 23 (4) ; H. Chelles p. 24 (1) ; H. Ausloos p. 26 (1) ; F. Feve p. 26 (3) ; Klein/Hubert p. 27 (5), 29 (3), 49 (3), 80 (2) ; J. Mayet p. 28 (1) ; R. Birke/P.Arnold p 30 (1) ; M. Rapilliard p. 30 (2) ; M. Gunther p. 28 (2), 31 (3), 40 (2), 75 (2) ; J.M. Lenoir p. 32-33 ; C. Ruoso p. 34 (2), 35 (4), 75 (3) ; T. Roig p. 35 (3) ; D. Heuclin p. 36 (1) ; E. Bardelette p. 36 (2) ; D. Will/Fotonatura p. 37 (4) ; M. Rauch p. 38 (1) ; F. Bruemmer p. 38 (2) ; F. Marques p.41 (3) ; D. Barthélémy p. 42 (1) ; C. Florin/ La Trace p. 42 (2) ; A.Guillemont p. 43 (3) ; J.P. Delobelle p. 43 (4), 48 (1) ; G. Lopez p. 44 (2) ; B. Marcon p. 54 (1) ; J. Vark/P. Arnold p. 55 (3) ; P. Fagot p. 55 (4) ; Edward/Still picture p. 56 (2), 60 (2), 65 (3) ; T. Raupach/Argus p. 57 (3) ; Seitre p. 59 (5) ; H. Schwarzbach/Argus p. 61 (3), 65 (2) ; T. Wolke/UNEP p. 62-63 ; A&E. Lapied p. 66 (1) ; D. Bringaud p. 70 (2) ; G. Meilhac p. 72 (1) ; E. Boyard p. 76-77 ; R. Jankel/Argus p. 79 (3) ; G. Lopez p. 80 (1) ; T. Valkovski p. 80 (3) ; D. Halleux p. 81 (4) ; D. Bringard p. 82 (1), 83 (3) ; G. Martin p. 82 (2) ; S. Chappaz p. 88 (1), L. Conchon p 88 (3) / COSMOS - © : Worldsat international / SPL p. 58 (2) ; S. Fraser/SPL p. 59 (4) ; CNRI/SPL p. 67 (3) A. Nieman/SPL p. 1, 91 et couverture / MAGNUM - © : A. Webb p. 13 (3) ; S. Franklin p. 22 (1) ; P. Marlow p. 68 (2) ; E. Hartmann p. 70 (1) / REA - © Ludovic p. 74 / SUNSET - © : FLPA p. 23 (5) ; p 24 (2) ; Holt studio p. 40 (1) ; R.Maier p. 44 (1) ; D. Delfino p. 45 (3) ; D. Prix p. 46-47 ; Spectrum p. 56 (1) / PHOTODISC : p. 64 (1), 66 (2), 68 (1) / © R. Stoffel p. 29 (6) / Fondation Nicolas Hulot - © : P. Bayle p. 52 (1), 53 (3 et 4) ; P.Latreille p.92, 93 et 4 de couverture / VNF - © : P. Cheuva p. 84 (1), 85 (8), 88 (4), 1 et 4 de couverture ; P. Lemaître p. 84 (2 et 3), 87 (3) et 4 de couverture ; P. Cheuva & P. Lemaitre p. 88 (2) ; Milagro-images p. 84 (4) ; VNF 89 (6) / Conseil supérieur de la pêche - © H. Carmié : p. 6 (2), p. 90 (1)

ILLUSTRATIONS
Vincent Desplanche pour tous les dessins d'humeur.

Conseil supérieur de la pêche - © Roger Swainston pour les poissons des pages : 1, 8, 11, 25, 29, 83, 95, 96. plat 1 de couverture, rabat 1 GALLIMARD NOUVEAUX-LOISIRS et : - A. Bodin : p. 39 (4, 5) ; 50 (1) - J. Chevallier : p. 58 (3) ; 89 (5) - F. Desbordes : p. 6 ; 9 (centre) ; 15 (3) ; 25 (5) ; 26-27 (centre) et 4 de couverture ; 36 (3) ; 37 (5) ; 38-39 (centre) ; 50-51 (centre g.) - F. Desbordes- J.-M.Kacedan : p. 71 (4) - B. Duhem p. 11 (1) ; 26 (4) ; 73 (2) - C. Felloni p. 8 (saule) ; 17 (4) ; 25 (4) ; 27 (7) ; 39 (3) ; 58 (3) - D. Grant : p.73 (4) - G. Houbre, p.12-13 (1) ; 52 - J.-M. Kacedan p. 13 (2) - A. Larousse : p. 22 (2) ; 41 (4), 43 (h.d.) ; 49 (4) - B. Lenorman : p. 78 (1, 2) - B. Lenorman-A. Soro : p. 69 ; 72-73 (3) - D. Mansion : p. 26 (2) - S. Peyrol : p. 10 haut - F. Place : p 51 (d.) - M. Pommier : p. 84-85 ; 86-87 (1, 2, 4) - P. Robin : p. 82 - F. Schwebel p. 10 centre - P.-M. Valat : p. 48 (2)/ GALLIMARD - G. Lemoine : p. 67 (4)/ VNF pour le fond de la carte p. 3 de couverture et Gallimard pour l'infographie.

COMITÉ DE LECTURE : CSP, FNH, VNF
ICONOGRAPHIE : Christine de Coninck
LECTURE-CORRECTION : Marie-Paule Rochelois

Nous remercions Alexandre Blanc et Caroline Penil pour leur précieuse collaboration.

ISBN 2-07-055240-3

Loi N° 49-956 du 16 juillet 1949 sur les publications destinées à la jeunesse
1er dépôt légal : mars 2003
Dépôt légal : décembre 2005
N° édition : 141679
Photogravure : Litho Nova, Italie.
Imprimé en Italie par Editoriale Lloyd.